DISSERTATION

SUR LE DUEL.

IMPRIMERIE DE NICOLAS-VAUCLUSE,

Rue de Grenelle-Saint-Honoré, n° 59.

DISSERTATION

SUR LE DUEL,

DESTINÉE

AUX ÉCOLES DE DROIT,

Par J.-P. MAFFIOLI,

ANCIEN MAGISTRAT, GREFFIER EN CHEF DE LA COUR ROYALE
DE NANCY.

PARIS,

CHEZ ARTHUS BERTRAND, LIBRAIRE, RUE HAUTEFEUILLE.

NOVEMBRE 1822.

DISSERTATION
SUR LE DUEL.

PREMIÈRE PARTIE.

L E Duel est un combat entre deux hommes, dont l'un a fait à l'autre une injure publique.

Ce mode de vengeance n'a été connu ni des Grecs ni des Romains, nos maîtres en civilisation.

Il y a bien eu chez ces peuples, et en petit nombre, des combats particuliers ou singuliers ; tels ont été celui de trois cents Lacédémoniens contre trois cents Argiens, celui des Horaces et des Curiaces ; tel a été celui où Manlius Torquatus et Valérius Corvinus tuèrent deux Gaulois ; mais toutes ces actions et autres du même genre ne sont pas des duels.

Cette espèce de combat est, de sa nature, étranger à la chose publique, et ne peut avoir lieu que pour offenses personnelles entre deux hommes, dont l'un exige réparation de l'autre par la voie des armes.

Plus nous étudions l'antiquité, plus nous sommes convaincus que cette manière de vider une querelle

1.

ou décider un procès, n'y a pas été en usage. Ce qui, au surplus, ne laisse pas le moindre doute sur ce point de fait, c'est que les anciens n'ont pas même eu l'idée de ce que les modernes entendent par point d'honneur, d'où il suit évidemment qu'ils ne connaissaient pas le duel, car celui-ci n'est que l'effet de celui-là.

Aussi ne voyons nous pas, dans l'Illiade, qu'Achille ait provoqué Agamemnon, quoique sa grande colère aurait eu précisément pour cause ce´ qui, parmi nous, amène la plupart des duels. César n'envoya pas non plus un cartel à Caton pour tirer vengeance des injures et sarcasmes dont celui-ci l'avait chargé en plein sénat, dans l'affaire de Catilina.

Le Duel n'a pas été connu davantage des anciens Gaulois. Quand Horace dit à Auguste : « les Gaulois qui mé- » prisent la mort mettent bas leurs armes, dès qu'ils en- » tendent prononcer votre nom»; le poëte ne veut pas dire que les Gaulois se battaient en duel, il ne voulait que faire sa cour à l'empereur, et relever la valeur des Romains, en montrant celle de leurs ennemis. Il y a deux mille ans que l'on disait en Europe : *non paventis funera Galliæ,* et on le dira dans deux mille ans encore; mais alors il ne sera plus question du Duel. L'histoire seule en parlera comme d'un long égarement de l'imagination de l'homme et des autres fléaux qui ont désolé la terre.

Ainsi, le Duel, ce que beaucoup de personnes ignorent, n'appartient pas aux siècles que nous appelons barbares. Sa date est moderne; il n'a commencé en

France que vers le milieu du seizième siècle , après l'a-
bolition du combat judiciaire ; mais comme c'est celui-
ci qui a engendré celui-là, l'on ne peut faire avec succès
l'histoire du duel, si l'on ne commence par celle du
combat judiciaire.

J'examinerai donc successivement ces deux choses ;
et après avoir signalé les différences qui existent entre
elles, je proposerai les moyens qui doivent être employés si l'on veut extirper ou modérer un mal qui ,
loin de s'affaiblir avec le temps, comme cela devrait être
d'après le cours ordinaire de la nature, fait tous les jours
des progrès nouveaux.

GONDEBAUD, roi des Bourguignons, fut le premier qui
introduisit dans nos contrées le combat judiciaire. Par
une loi qui, de son nom, fut appelée Gombette, il or-
donna que ceux qui ne voudraient pas s'en tenir à la
déposition des témoins ou au serment de leurs adversaires , pourraient les provoquer au combat ; mais le
même prince (qui eut la réputation d'un sage), ne fit,
ajoutent les historiens, qu'adopter une coutume déjà
ancienne dans le nord de l'Europe, laquelle fut ensuite
adoptée par la loi des Francs, des Allemands, des Ba-
vavois , des Saxons , des Lombards, etc. Voilà quelle a
été chez nous l'origine du combat judiciaire, ainsi appelé
parce qu'il était autorisé par le souverain , et se faisait
en présence du magistrat.

Quel a été l'esprit de cette institution? le voici : Les
législateurs de ces temps-là tenaient pour maxime de

droit public, que celui pour lequel se décidait la victoire avait toujours raison. Il croyaient que la divinité intervenait dans toutes les querelles des pauvres humains, et de ce principe ils tiraient la conséquence que Dieu lui-même dirigeait le bras du vainqueur et paralysait celui du vaincu. Voilà pourquoi ce combat a été appelé *épreuve* et son résultat *jugement de Dieu;* et remarquez bien cette expression, elle est digne de l'être; car si le résultat était regardé comme un jugement de Dieu, le moyen employé pour l'obtenir était nécessairement légitime ou judiciaire; l'un n'est que la conséquence de l'autre.

Si nous voulions donner quelque créance à toutes les chroniques de ces temps-là, leurs législateurs auraient établi plusieurs autres épreuves auxquelles pouvaient être soumises les personnes accusées de crime ou de faits non suffisamment justifiés. Telles furent celles de la croix, de l'eau froide, de l'eau bouillante, de fers rouges, des charbons ardens, dont les résultats étaient aussi regardés comme des jugemens de Dieu, mais de toutes ces épreuves (1), celle du combat judiciaire, est la seule dont l'existence soit bien constatée; elle seule aussi mérite toute notre attention

(1) C'est aux anciennes mœurs que l'on doit rapporter la fureur des duels; il n'en est pas ainsi des différentes ordalies ou épreuves par les élémens; le merveilleux en disparaîtrait, pour peu que l'on fît attention aux circonstances de fait, aux idées différentes qu'en avaient les contemporains et au peu de considération que méritent la plupart de ceux qui les rapportent; d'ailleurs, elles ont toujours été condamnées par l'église. Agobert,

par la grande influence qu'elle a eue sur le caractère de notre nation.

Ces mots, combat judiciaire, impliquent contradiction. Les idées justice, équité, force, adresse, sont entre elles inconciliables, donc la loi qui a établi cette espèce de combat, comme un moyen de découvrir la vérité, porte sur un principe évidemment faux, et l'on aura toujours peine à concevoir comment il est tombé dans la tête d'un législateur, à qui l'on doit supposer quelques premières notions de droit naturel, de faire réparer des injures, ou décider des contestations civiles par le sort des armes. Mais ce qui est plus difficile encore à expliquer, c'est qu'une telle loi, importée du nord ait pu s'établir dans le midi de l'Europe, et y durer plus de dix siècles sous le règne de l'évangile, et malgré les décisions de l'Église qui n'a cessé de la proscrire.

Cependant, comme il ne peut exister d'effet sans cause, voici comment ce phénomène peut s'expliquer:

Tout mobile qui seconde les passions humaines porte essentiellement sur une base fausse et ne doit produire que de mauvais effets; mais cependant si le législateur, averti par l'expérience de chaque jour, s'empresse de lui accoler un autre mobile, capable de modérer son

---

archevêque de Lyon, écrivit avec force au commencement du neuvième siècle contre cet usage : son livre avait pour titre : Contra damnabilem opinionem putantium divini judicii veritatem, igne vel aquis, vel conflictu armorum patefieri.

Duclos, dans sa *Dissertation sur les différentes épreuves attribuées au temps de la barbarie*. Mém. de l'académie, t. 14, p. 630.

action, il parviendra à atténuer le vice du premier et à le rendre presque nul. C'est ce qui arriva au combat judiciaire : son exécution fut environnée de tant de devoirs, de tant de cérémonies et d'obstacles, que celui qui demandait la permission de se battre se jetait dans des embarras qui devaient nécessairement le rebuter, et le faire repentir de sa démarche. Il est évident que sans tous ces correctifs, il eut été impossible au combat judiciaire d'obtenir l'existence même la plus courte. Ses résultats eussent été trop révoltans, et si nous voulons savoir quels étaient ces correctifs, lisons les mémoires de Sully, dont voici les expressions, tome I, p. 50 :

» Quand les gages étaient donnés et reçus, le juge renvoyait la décision à deux mois, pendant lesquels des amis communs tâchaient de connaître le coupable, et de l'engager à rendre justice à l'autre ; ensuite on mettait les deux parties en prison, où des ecclésiastiques tâchaient de les détourner de leurs desseins. Si les parties persistaient, on fixait le jour du combat. On amenait ce jour-là les champions à jeun devant le même juge qui avait ordonné le duel ; il leur faisait prêter serment de dire la vérité ; on leur donnait ensuite à manger, puis ils s'armaient en présence du juge ou réglaient leurs armes. Quatre parrains choisis avec cérémonie les faisaient dépouiller, oindre le corps d'huile, couper la barbe et les cheveux ; on les menait dans un champ fermé et gardé par des gens armés ; c'est ce que l'on appelait un champ-clos. On faisait mettre les champions à genoux l'un devant l'autre, les doigts croisés ou entrelacés ; se deman-

» dant justice, jurant de ne point soutenir une faus-
» seté, et de ne point chercher la victoire par fraude ni
» magie. Les parrains visitaient leurs armes et leur fai-
» saient faire leurs prières et leurs confessions à ge-
» noux; et après leur avoir demandé s'ils n'avaient au-
» cune parole à porter à leur adversaire, ils les lais-
» saient en venir aux mains, ce qui ne se faisait néan-
» moins qu'après le signal des hérauts, qui criaient
» par-dessus les barrières : laissez aller les bons com-
» battans, et alors on se battait à outrance. »

Certes, tous ceux qui liront ce passage ne pourront
s'empêcher de reconnaître que les formalités légales,
et les coutumes religieuses dont le combat judiciaire
était précédé, l'avaient rendu , sinon impossible,
du moins très-difficile et extrêmement rare. Mais
au surplus, voyons ce que nous apprend l'histoire à
cet égard. Beaucoup de personnes qui ne connaissent le
combat judiciaire que par des ouï-dires vagues, ou en
jugent par notre duel, s'imaginent que dans les temps
appelés de barbarie, il s'en faisait tous les jours; le
seul mot barbare n'amène-t-il pas toutes ces idées ? Eh
bien, il faut les tirer d'erreur et leur donner des notions
plus exactes.

Le premier combat judiciaire dont l'histoire fasse
mention, est celui qui fut permis par arrêt du parlement de Paris, le 21 janvier 1328 , entre Renaud, sire
de Pons, demandeur, et Bernard, comte de Commin-
es , défendeur. Le Gendre, qui rapporte cet arrêt dans
in *Traité de l'opinion*, se tait sur les suites ultérieu-

res de l'affaire, je ne puis donc en dire davantage ; mais il est très-vraisemblable que les parties n'en vinrent pas aux mains ; car pourquoi l'histoire, qui parle de cet arrêt, ne dit-elle rien de son exécution ?

Le second est celui de Jacques Legris, qui fut condamné à se battre contre Jean de Carrouge, accusé par celui-ci d'avoir violé sa femme pendant là guerre des croisades (en quoi cette guerre paraît avoir eu quelque chose de commun avec celle de Troie). Le roi (c'était Charles VI) et toute sa cour furent présents à ce combat, qui se fit en 1386, et où Legris succomba. Entre le premir fait dont j'ai rapporté l'arrêt et celui-ci, il y a cinquante-huit ans.

Le troisième événement de cette espèce que je trouve bien établi dans notre histoire, c'est le fameux combat qui eut lieu entre Jarnac et la Châtaigneraye, le 10 juillet 1557, dans le parc de Saint-Germain, en présence du roi Henri II, du connétable de Montmorency et de plusieurs autres seigneurs. Ce combat est le dernier qui ait été ordonné par le prince. Quel est l'intervalle qui sépare ces deux derniers faits ? Il est de cent soixante-un ans ; il y a par conséquent eu en France pendant cette dernière période, deux combats judiciaires. Y en a-t-il eu d'autres, ce qui est, rigoureusement parlant, possible, je l'ignore, mais je ne le crois pas ; l'histoire n'eût pas manqué d'en faire mention, car ces événemens étaient de notoriété publique ; ils fixaient l'attention générale, c'était des spectacles qui attiraient

des foules immenses de toutes les parties du royaume ;
ils nécessitaient des procédures, des informations qui
reposent dans les greffes et aux archives. Ainsi tout
concourt à démontrer qu'ils ne se faisaient qu'entre des
personnes de haute distinction, et qu'aucun d'eux n'a
pu rester ignoré.

Il est donc constaté, autant qu'une chose peut l'être,
que la loi gombette, quoique vicieuse en elle-même,
n'a pas fait le mal qu'elle aurait pu faire.

L'on serait même tenté de croire, mais l'histoire s'y
oppose trop fortement, qu'elle aurait plutôt voulu empêcher le duel chez les Français que de l'y établir. Telle
sera la conclusion de tous ceux qui étudieront la matière, comme elle a déjà été celle de Montesquieu, qui
s'exprime ainsi dans son *Esprit des Lois*, t. 3, ch. 17:
« Je dis donc que dans les circonstances du temps où
» l'épreuve par le combat, l'épreuve par le fer chaud et
» l'eau bouillante furent en usage, il y eut un tel accord
» de ces lois avec les mœurs, que ces lois produisirent
» moins d'injustices qu'elles ne furent injustes ; que les
» effets furent plus innocens que les causes, qu'elles cho-
» quaient plus l'équité qu'elles n'en violaient les droits,
» qu'elles furent plus déraisonnables que tyranniques.»

Je puis donc assurer, qu'à l'exception de ce qui est
relatif aux autres épreuves, lesquelles, aux yeux de
plusieurs critiques, sont toutes fabuleuses, le jugement
que je porte du combat judiciaire est entièrement conforme à celui de Montesquieu. Mais bien avant Mon-

tesquieu, ce jugement avait été rendu par le temps, oui, par le temps lui-même, car la loi gombette a duré mille ans, c'est-à-dire, depuis le sixième siècle jusqu'au dernier combat judiciaire, qui est de 1547. Son règne aurait-il été aussi long, si elle n'eût fait beaucoup de bien par le mal qu'elle empêcha ? Et si ce bien est l'ouvrage des mœurs plutôt que celui des lois, comment osons-nous traiter de barbare le peuple qui a eu de pareilles mœurs ?

A présent que nous connaissons l'origine, la nature et les effets du combat judiciaire, je me fais deux questions :

1° Celui-ci et le Duel ne font-ils qu'une seule et même chose ?

2° Ont-ils existé en même temps ?

Je crois que la solution de ces deux problêmes jettera un grand jour sur le sujet qui nous occupe.

Quoique le combat judiciaire et le Duel soient ordinairement confondus dans l'usage, et même que la plupart des auteurs emploient ces deux mots comme synonymes, c'est en histoire une erreur capitale, qu'il importe de relever. Il y a entre ces deux choses une différence prodigieuse; et pour peu que vous réfléchissiez sur ce que j'ai dit plus haut, en parlant des cérémonies qui étaient à remplir par les combattans, avant d'en venir aux mains, vous verrez avec moi combien cette différence est grande.

1° Le combat judiciaire ne pouvait être permis que pour des causes très-graves, et entre des personnes d'un rang distingué, par conséquent il ne peut être assimilé à un combat clandestin qui a lieu à chaque instant du jour et de la nuit, dans des rendez-vous obscurs, entre personnes de toute espèce, la plupart échauffées par la débauche, ou emportées par la passion de la vengeance, presque toujours sans motifs ou plutôt pour des motifs que l'on n'ose avouer. Certes, la différence est tellement frappante, qu'insister pour la démontrer, ce serait vouloir prouver l'évidence.

2° Il est également certain que le combat judiciaire et le duel n'ont pas existé en même temps, il suffit de faire attention à la marche du cœur humain, pour se convaincre que ces deux moyens de finir une querelle, loin d'avoir existé ensemble ont dû se repousser mutuellement; car si dans le temps où l'un des deux était autorisé par la loi, l'autre eût été toléré, ou même seulement impuni, jamais le premier n'aurait pu exister. Il est trop évident qu'un être emporté par une violente passion préférera toujours pour l'assouvir, une voie prompte et expéditive aux épreuves humiliantes dont nous avons donné le tableau, lesquelles étaient déjà par avance un cruel supplice.

Il est palpable, en outre, que si les premiers personnages de l'état étaient obligés, avant de se battre, de présenter requête en *gage de bataille*, quiconque se battait sans en avoir la permission, commettait un crime et s'exposait aux peines qui en sont les suites; donc combat judiciaire et duel sont des choses qui n'ont pu exister simultanément.

Cette conclusion d'ailleurs se trouve confirmée par les faits. L'histoire ne parle de duels que depuis l'abolition du combat judiciaire ; et ce qui est décisif sur ce point, c'est que la première loi rendue contre les duellistes ne date que de l'extrême fin du seizième siècle.

Si, avant cette époque, le duel, tel qu'il existe aujourd'hui, eût été commun, les tribunaux n'eussent pas manqué de sévir contre cette action, puisque les lois l'autorisaient sous une autre forme, c'est-à-dire, sous la *forme judiciaire*. Toutes les fois qu'une action, toujours mauvaise d'elle-même et dangereuse à son auteur, peut se faire d'après un mode permis par la loi et conforme aux mœurs du pays, il est contre nature qu'on se la permette par une voie illicite, et qui en fait un crime. En tout cas, une telle conduite ne serait qu'un acte de folie bien contraire au premier instinct d'un être chargé de veiller à sa conservation.

Il y a plus, il est impossible de supposer qu'une société humaine, quel qu'ait été son état d'ignorance et de simplicité ; se fut laissé cribler à la fois par deux agens, dont l'un était le correctif et le modérateur de l'autre. Il est enfin hors de doute que si, en 1547, ce que nous appelons point d'honneur eût été ce qu'il est dans nos mœurs actuelles, La Châtaigneraye n'eût pas manqué d'envoyer un cartel à Jarnac, et celui-ci d'y répondre. Mais loin de là, nous voyons qu'il sollicita pendant long-temps de François Ier la permission de se battre, laquelle ce prince refusa constamment ; et si Henri II eût suivi l'exemple de son prédécesseur, le récit de cette scène ne souillerait pas les pages d e notre histoire.

Nous devons tenir le même langage à l'égard de beaucoup d'autres faits de la même espèce, et qui ne sont point parvenus à notre connaissance; il n'est pas douteux que, dans une noblesse monarchique et nombreuse, il n'y ait eu, sous l'empire de la loi Gombette, une multitude peut-être sans nombre de demandes en combats judiciaires; mais ces demandes, pour la plupart, ont été rejetées ou conciliées, et par conséquent l'histoire n'en fait pas mention : car celle-ci, comme l'on sait, ne parle que des catastrophes qui désolent ce monde , et non des moyens qu'emploie la prudence humaine pour les prévenir et les empêcher. Ainsi nous devons regarder pour certain (et cette conclusion ne doit pas être oubliée) que le combat judiciaire et le Duel n'ont pas existé ensemble. Mais malgré ce point de fait, il n'en est pas moins constant aussi, que c'est le premier qui a engendré le second, et nous allons expliquer comment une telle génération s'est opérée.

Époque de la naissance du point d'honneur et du Duel
tels qu'ils sont aujourd'hui.

Il résulte de ce qui a été dit jusqu'à présent, 1º que
le combat judiciaire a pu s'établir chez un peuple
simple, à qui des maîtres superstitieux avaient enseigné que les résultats de la force ou de l'adresse étaient
des jugemens de Dieu;

2º Que cette institution a pu durer dix siècles, et
même qu'elle en aurait duré davantage, si l'état d'ignorance, eût encore continué. Mais il est sensible aussi
qu'elle devait tomber comme le brouillard du matin
devant le soleil, dès l'instant où l'on aurait montré,
aux chefs, ou conducteurs de ce peuple, les premiers
élémens de la morale; dès qu'on leur aurait enseigné que
force et droit sont des choses d'une nature différente;
et qu'on leur aurait fait observer, par leur propre expérience, que la victoire se décidant tous les jours pour
le coupable, celle-ci ne pouvait être l'expression des
jugemens de Dieu. Or, tels furent précisément les
effets que produisirent les fameuses discussions dont
retentit le seizième siècle, et que l'invention de l'imprimerie répandit bientôt avec la rapidité de l'éclair.
Il est évident que, dans un tel état de choses, l'idée
seule d'une loi qui autorisait deux êtres moraux à s'ar-
racher la vie comme deux bêtes féroces, en présence
de leur souverain, de leurs parens et de leurs amis,
ne put que révolter la raison, et remplir l'âme d'une

horreur profonde ; telles furent certainement les impressions que le combat de Jarnac fit sur Henri II comme sur son conseil, et qui déterminèrent (ce qui était déjà dans l'opinion publique), l'abolition du combat judiciaire. Mais s'il est un instant où la découverte d'une vérité simple doit décider le législateur à supprimer une institution politique, quel que soit d'ailleurs le bien qu'elle ait pu faire, ou le mal qu'elle ait empêché, il n'en est pas de même des mœurs ou des habitudes particulières que la même institution aura laissé prendre aux générations qui se sont succédées pendant la longue période de son existence. Les exemples des pères, bons ou mauvais, passent à leurs enfans, tant qu'on ne leur en met pas d'autres sous les yeux, et s'il en a toujours été ainsi, même pour des choses puériles et les plus insignifiantes, que ne sera-ce pas quand il s'agira de renoncer à des usages qui favorisent la passion la plus terrible du cœur humain, cette passion qui, bien plus sûrement que le patrimoine des ancêtres, se transmet à la génération la plus reculée ?

Les lois sont nécessaires, sans doute, pour établir l'ordre public de la cité ; mais l'enseignement domestique, et, plus que cet enseignement, les exemples des pères et des magistrats, sont les véritables lois de famille devant lesquelles les premières sont bien faibles, lorsqu'il n'y a pas entre elles et les secondes une harmonie parfaite. Aussi voici ce qui arriva, et ce qui dut arriver : le législateur, en instituant le combat judiciaire,

avait par-là même reconnu implicitement en principe,
qu'un combat quelconque était une mesure propre à la
découverte de la vérité, puisque ses résultats étaient à
ses yeux une manifestation de la volonté divine. Or,
quoique *combat légal* autorisé d'après telles ou telles
épreuves, tels ou tels devoirs et *combat ordinaire*
fussent des choses bien différentes, puisque l'une était
permise, et l'autre défendue. Cependant comme cette
différence ne consistait que dans des formes rigoureusement prescrites par la loi, dès que ces formes furent
abolies, le combat judiciaire disparut entièrement, et
laissa la vengeance seule maîtresse du terrain.

Quelles furent les suites de ce nouvel état de choses ?
Chacun les prévoit. La noblesse militaire, humiliée
depuis si long-temps, par les entraves attachées au
combat judiciaire, fut enchantée de s'en voir affran-
chie. L'orgueil, qui est toujours là, pour punir l'homme
heureux de son bonheur, vint le circonvenir avec ses
sophismes, et l'enivrer de ses illusions, il lui per-
suada sans peine que combat judiciaire et tout autre
combat ne sont, au fond, qu'une seule et même
chose ; qu'il est ridicule de demander à la justice réparation d'une injure personnelle ; que pour un homme
d'honneur la plus légère offense doit être lavée par le
sang ; et qu'une conduite différente n'est que bassesse
et lâcheté, etc., etc., etc.

Ces maximes auxquelles, pendant long-temps, les
lois n'apportèrent pas le moindre obstacle, eurent toute
la facilité de se créer un système, qui bientôt s'appela

Observations préliminaires.

———◈———

AVANT notre révolution, nous n'avions sur le duel qu'une seule pensée, qu'un seul sentiment, et quoiqu'alors la France souffrît patiemment tous les effets de son horrible préjugé, elle n'applaudissait pas moins aux déclarations solennelles données par nos rois, de ne faire grâce à aucun duelliste.

Aujourd'hui, cette unanimité n'existe plus, et nous sommes divisés aussi, sur un article qui, de sa nature, ne peut faire le sujet d'une question, sur lequel doivent être réunis les hommes du monde entier, quelles que soient leurs opinions religieuses ou politiques.

« Selon les uns, nos derniers législateurs
» déterminés par de hautes considérations,
» par l'état de nos mœurs et de l'opinion, et
» par nos circonstances politiques, ont pensé
» dans leur sagesse, ne devoir point porter de

» loi contre le duel, dont au surplus, l'impu-
» nité ne peut compromettre gravement l'or-
» dre social. »

Ces propositions se trouvent dans les motifs qui précédent un jugement rendu l'année
dernière, par un de nos tribunaux de première instance : le but de ceux qui les avan-
cent est extrêmement palpable, c'est de nous
dire, en termes bien clairs, que tout est pour
le mieux, et que le législateur actuel ne doit
pas même songer au duel.

Selon d'autres (et ceux-ci sont en majorité), les assertions que nous venons de lire
sont aussi fausses en politique qu'en morale,
le duel est l'ennemi de la patrie autant que
de l'humanité; il n'existe pas de civilisation
là, où le duel reste impuni, etc.

Une telle opposition d'idées et de sentimens, sur un point qui tient essentiellement
aux principes d'ordre, m'a paru, au premier
abord, une chose inconcevable; mais en y
réfléchissant de plus près, j'ai reconnu qu'elle
était la suite des circonstances singulières où
nous sommes placés, relativement au duel.
Cette matière aujourd'hui, n'est ni discutée,
ni approfondie comme elle devrait l'être, ou

plutôt elle ne l'est pas du tout, et c'est ce qui a dû amener les opinions contraires ou divergentes que nous voyons. En effet, les uns demandent-ils la répression du duel, les autres répondent que les plus grands obstacles s'y opposent; les premiers demandent-ils ensuite à connaître ces grands obstacles, on ne daigne plus leur répondre, on se borne à les renvoyer au *préjugé*, comme si c'était là une réponse. Ainsi une certaine fatalité s'opposant même à une discussion franche et libre, sur cet article, il en résulte que l'opinion publique, ce juge souverain de toutes les opinions particulières, ne peut se former, et moins encore se fixer; voilà, je crois, notre véritable position envisagée sous le point de vue de l'objet que nous examinons.

J'ai pensé, dans un tel état de choses, que ceux-là se rendraient vraiment utiles à leur pays, qui travailleraient sur ce chapitre important; en conséquence, fondé sur cet espoir, je présente dans l'écrit qui va suivre, un essai de controverse ou de dissertation, dans lequel, après avoir traité du duel, selon l'histoire et la morale, j'examine si les hautes considérations que l'on tire de nos mœurs, ou que l'on prête à la politique, peuvent empêcher une loi, dont le simple objet sera de réprimer le duel ou de contenir ses fureurs, et si enfin, il est possible que cette mesure devienne dangereuse et funeste à la France.

Ma Dissertation, sans doute, est faite pour tout le monde; mais cependant, je la destine spécialement aux écoles de droit, parce que l'enseignement public, protégé par la loi, est à mes yeux le moyen infaillible d'attaquer avec succès un préjugé, ou de résoudre un problême quels qu'ils soient, en mettant bientôt le tribunal de l'opinion publique à même de juger les opinions particulières, auxquelles les uns ou les autres auront donné lieu.

Voilà le but que je me suis proposé.

S'il paraît à quelqu'un de mes lecteurs que je me suis trop étendu sur certaines parties de mon sujet, je le prie de ne pas oublier que mon travail a pour objet principal l'instruction de la classe qui en a le plus besoin, et qu'un ouvrage de ce genre ne saurait avoir trop de développemens.

hautement le code de l'honneur, code devant lequel
ceux de la morale et des lois ne furent plus que des
mots vides de sens.

C'est en vertu de ce code que le duel (de la race du
monstre tué par Cadmus) fut, dès sa naissance, sans
nulle gradation, aussi féroce, aussi cruel que nous le
voyons, et que, dans l'espace d'un demi-siècle, c'est-
à-dire, depuis l'an 1550 jusqu'à l'an 1600, il versa plus
de sang que n'avait fait la loi Gombette pendant les
dix siècles de sa durée.

Je ne sais, mais il me semble que nos politiques n'ont
pas donné une attention suffisante à cette révolution
qui s'opéra en France vers le milieu du seizième siècle,
révolution qui ne se fit pas également chez nos voisins,
et dont le résultat a été de donner à la nation française, deux systèmes d'éducation, dont l'un est absolument l'antipode de l'autre. Il n'est pas d'homme sensé
qui puisse être indifférent sur cette manière publique
d'exister, surtout quand elle est celle d'un grand peuple
parvenu à la plus haute civilisation.

Mais continuons cette histoire, laquelle, jusqu'à
présent, ne me paraît pas avoir été traitée avec les développemens qui lui conviennent.

Les premières familles de l'État, au sein desquelles
le génie du duel eut grand soin de choisir ses victimes,
invoquèrent à grands cris le secours des lois; mais
les lois furent sourdes et muettes pendant un demi-
siècle.

2

Le combat judiciaire avait fini en 1547. Ce ne fut qu'en 1599 que le parlement de Paris, par forme de règlement, rendit un premier arrêt, « qui fait défense « à tous sujets de provoquer ou se battre en duel, et leur « enjoint de se pourvoir par-devant les juges ordi- « naires, sous peine de crime de lèse-majesté, confis- « cation de corps et biens tant contre les vivans que « contre les morts. »

Dès ce moment seulement l'excès du mal fit sentir la nécessité d'un prompt remède. Depuis 1600 jusqu'à la mort de Louis XIII, c'est-à-dire, pendant quarante-trois ans, l'on ne voit qu'édits, déclarations, arrêts se succéder rapidement sur la matière ; mais comme l'on avait, pendant cette période, accordé des lettres de grâce à presque tous les duellistes, il en était résulté que le duel avait continué comme auparavant, et même avec plus d'audace. Aussi, dès que Louis XIII eut fermé les yeux, le premier soin du conseil de la mère-régente, fut de penser aux moyens qui pussent remédier à tant de maux ; il crut les avoir trouvés dans une loi, où le trône lui-même (sur le fait du duel) renoncerait à sa prérogative de faire grâce ; et il fit, en conséquence, rendre l'édit du 14 juin 1643, lequel, en renouvelant les peines déjà prononcées par ceux de Henri IV et Louis XIII, déclare que, dorénavant, aucune lettre ne sera accordée aux duellistes.

Dès que le jeune roi vit dans ses mains les rênes du gouvernement, le duel fut un des objets qui fixèrent le plus son attention, et cette attention fut la même pendant tout son règne; car de temps en temps, et à des intervalles non éloignés, il fit des lois nouvelles, qui, au fond, n'étaient que des dispositions ajoutées à l'édit de 1643.

Quels furent les résultats de tant de persévérance? Si nous en jugeons par ce qui s'est passé depuis la mort de ce prince, et par ce qui se passe de nos jours, nous serons disposés à croire qu'ils ont été nuls, et néanmoins ce serait une grande erreur. Pour en être convaincu, il suffit de consulter l'histoire.

Tous ceux qui ont écrit celle de ce siècle, nous assurent que les mesures prises par Louis XIV produisirent les plus *heureux effets*. On lit dans l'histoire universelle, traduite de l'anglais, par une société de gens de lettres, t. 31, p. 535 : « Que la sévérité du roi a été » avantageuse à la nation, en portant de rudes coups » à ces restes de la barbarie et de l'ignorance, qui » faisaient dépendre la justice, l'innocence et l'honneur » de la force des armes. L'abolition du duel, dit Voltaire, » fut un des plus grands services rendus à la patrie. Ces » combats avaient été autorisés par les parlemens, et même » par l'église, et quoiqu'ils fussent défendus par Henri IV, » cette funeste coutume subsistait plus que jamais. Le » combat de la Frette fut ce qui détermina le prince à ne » plus pardonner : son heureuse sévérité corrigea peu à » peu notre nation, et même les nations voisines qui se » conformèrent à nos sages coutumes, après avoir pris nos » mauvaises. Il y a, en Europe, cent fois moins de duels » aujourd'hui, qu'il n'y en avait du temps de Louis XIII.»

Legendre, Millot, tous les écrivains tiennent le même langage. C'est donc un fait constant : 1° Que Louis XIV a mis un frein à la fureur des duels; 2° Que, cependant, les lois de ce prince ont prévenu et empêché ce crime plus qu'elles ne l'ont puni; car s'il eût fallu les mettre à exécution, l'histoire se serait bien gardé de nous dire que la sévérité du monarque *fut heureuse*, le plus grand malheur de ce monde, c'est d'être forcé d'exécuter des lois pénales.

L'on me dira sans doute que le langage de tous ces historiens, est celui de la flatterie; qu'ils n'ont jugé du fait que par le droit; que malgré la toute-puissance de Louis XIV, il y a eu des duels sous son règne; oui, répondrai-je, il y en a eu, mais combien? voilà ce qu'il importe de fixer avec toute la précision possible : or, voici ce que nous apprend, à cet égard, un auteur qui ne sera pas suspect, car il n'a rien négligé pour connaître tous les faits de cette nature arrivés à l'époque dont nous parlons, et par conséquent son témoignage doit être décisif.

« La sévérité de ces différentes lois, dit Denisard, dans » son *Recueil de Jurisprudence*, t. 7, p. 348, n'a pas » empêché qu'il n'y ait eu, sous le règne de Louis XIV, » des duels impunis. Nous voyons, en 1645, celui du » duc de Guise contre Coligny; en 1652, celui des » ducs de Nemours et de Beaufort; en 1663, celui des » deux Lafrette, Saint-Agnan et Argenlieu, contre Ca- » lais, Noirmoutier, Dantin et Flammarin; en 1689, » celui de MM. de Brienne et de Hautfort. »

Ainsi, selon cet auteur, voilà quatre duels qui restè-rent impunis sous le règne de Louis XIV; mais, tout en avouant ces faits, à combien d'observations ne donne pas lieu le passage cité ?

1° Le nombre de quatre duels restés impunis, pendant l'espace de soixante-dix ans, est évidemment nul, relativement à ceux dont les temps antérieurs avaient eu à gémir?

2° Il faut observer qu'au moment des deux premiers, Louis XIV, étant mineur, ne gouvernait pas encore.

3° Denisard ajoute qu'ils furent impunis, mais il se tait sur les causes qui amenèrent cette impunité; il ne dit pas si le parlement instruisit les procès, si les prévenus furent jugés, s'ils obtinrent des lettres de grâce, etc.

Cependant tous ces détails sont nécessaires, et même indispensables, pour quiconque veut juger si les conséquences que tire un auteur, de tels ou tels faits, sont justes ou non. Quant à moi, tout me porte à croire qu'aucun des duels, rapportés ici par Denisard, n'a été poursuivi par les tribunaux, car s'ils l'eussent été, l'arrêtiste n'eût pas manqué de nous faire connaître le résultat de leurs procédures; ainsi, quatre duels qui eurent lieu sous le règne de Louis XIV, c'est-à-dire, pendant soixante-dix ans, laissent les témoignages de l'histoire sur ce point dans toute leur intégrité. L'on sait bien que nulle puissance humaine ne peut empêcher deux êtres libres d'abu-

ser de leur liberté, et cela, selon la manière qu'il
leur plaira; tout ce qu'elle peut faire, c'est de diminuer
la fréquence de ces abus. Donc le Duel, comme se
plaisent à le crier des gens qui ne connaissent pas son
histoire, n'est pas retranché dans un fort inattaquable.
Donc, sans examiner dans ce moment le mérite intrin-
sèque de la législation de Louis XIV sur la matière,
nous devons reconnaître qu'elle a obtenu un grand
succès. Donc, enfin, ce qui s'est fait dans un temps
peut, à plus forte raison, se faire dans un autre, naturellement plus éclairé, ne serait-ce que par l'expérience.
La conclusion *ab actu ad posse*, est de tous les argumens, le plus irrésistible.

Telle a été la situation du Duel jusqu'à la mort de
Louis XIV.

Maintenant l'on est porté à croire que les nouveaux
administrateurs de l'état, profitant de l'exemple qu'ils
ont devant les yeux, vont continuer une législation
dont les effets ont été heureux pendant si long-temps,
sauf toutefois à la modifier, à la perfectionner, selon
que l'expérience des hommes et des choses l'exigera.
Ces pensées se présentent naturellement à l'esprit de
tout homme droit, car il ne s'agit pas ici de ces systèmes philosophico-politiques qui, de leur nature, bou-
leversent le monde, mais d'un préjugé qui désole l'humanité, au sujet duquel la raison ne peut différer que
sur le choix des moyens les plus propres à le prévenir
ou à le réprimer; eh bien, une fatalité inconcevable en
décida autrement : le régent fit précisément le con-

traire de ce que chacun attendait; il avouait lui-même que le duel *était passé de mode* (ce qui est tout en France); et malgré un tel aveu, c'est lui qui, le premier, rappellera une mode qui n'est plus, si la justice veut faire son devoir, c'est encore lui qui se placera entre la justice et les prévenus; mais pour ne rien prendre sur nous, dans une assertion aussi grave, laissons encore parler l'histoire.

« Si le régent eût eu l'intention, nous apprend Du-
» clos, de maintenir les lois et le bon ordre, il aurait
» profité du duel entre Ferrant, capitaine au régiment
» du roi, et Gérardin, capitaine aux gardes, pour faire
» un exemple; mais il se contenta de leur faire perdre
» leur emploi, sans s'expliquer trop ouvertement : il in-
» sinuait que le duel était passé de mode, car sans
» cela, ces duellistes n'eussent pas même perdu leurs
» emplois. Peu après, continue le même auteur, le duc
» de Richelieu et Gacé, fils du maréchal de Matignon,
» se battirent et se blessèrent légèrement; le parlement
» les décréta, mais le régent les envoya à la Bastille;
» tout se borna à un plus amplement informé, sans
» garder de prison. »

Tant de ménagemens et d'égards envers les duellistes ne laissèrent plus aucun doute sur l'esprit qui ani-
mait les dépositaires du pouvoir; on vit clairement
qu'ils ne voulaient pas reprendre les erremens des lois
existantes, et ne partageaient point les principes qui
les avaient dictés. Aussi, dès ce moment le Duel va
changer d'attitude et de langage; se croyant hors de

toute atteinte, il se venge hautement des traitemens qui lui ont été faits sous le long règne de Louis XIV; il crie à la barbarie, à la superstition, à l'injustice; personne n'ose lui résister, et tout ce que trois monarques ont fait successivement pour le réprimer est nul; voilà une idée de ce que le duel est devenu, par l'impunité dont il a joui sous la régence, et de ce qu'il a été depuis cette époque jusqu'à nos jours.

Il est, toutefois, juste de reconnaître, pour la majesté du trône, que Louis XV, et ensuite Louis XVI, chacun à son avénement à la couronne, déclarèrent qu'ils ne pardonneraient à aucun duelliste; mais ces déclarations furent à peu près sans objet, puisque déjà sous la minorité de Louis XV, la désuétude de toutes les lois rendues sur l'espèce avait déjà commencé.

C'est donc un fait, aussi incontestable que le fait contraire, rapporté plus haut, que, sous la régence, le duel est devenu tout autre chose de ce qu'il était sous Henri IV et Louis XIII. Sous ces deux princes, il était sans doute un fléau tout aussi cruel qu'il l'est aujourd'hui; mais dans ces temps-là, du moins, les duellistes subissaient des procédures et des condamnations, s'excusaient sur la violence du préjugé, et reconnaissaient la nécessité de se pourvoir à la clémence royale. Sous la régence au contraire, et depuis, le duel brave tellement et lois naturelles et lois positives, que depuis cette époque, il est devenu (ce n'est pas trop dire), une puissance nouvelle, une puissance inconnue jusque-là dans le monde devant laquelle toutes les autres sont très - humblement prosternées. Et quelle est, me demanderez-vous, la nature de cette puissance? certes, je ne puis la définir, mais si vous la considérez dans ses effets, vous lui trouverez une ressemblance parfaite avec celle qui, autrefois, métamorphosa les compagnons d'Ulysse. Oui (et nous en convenons tous) la fable est devenue pour nous la plus déplorable des réalités, le génie du Duel a frappé de folie ou du plus stupide aveuglement, non les faibles, mais les plus forts d'entre nous; non les illétrés et les hommes sans culture, mais nos sages et ceux dont les exemples font règle pour le plus grand nombre; et n'allez point prendre ceci pour de la déclamation; non, loin de là, mes expressions sont trop faibles pour répondre à ma pensée; il est vrai à la lettre, il est trop vrai que tout ce que l'humanité a de plus cher et de plus sacré, la France, depuis deux siècles et demi, le sacrifie sans réserve à cette idole nouvelle; et ces sacrifices, faites-y attention, ne se font pas seulement dans ces malheureux instans où l'amour-propre irrité à l'excès, ôte à l'homme l'usage de sa raison, et semble l'excuser; mais ils se font encore en vertu de délibérations présidées par les personnages les plus imposans, et prises d'après les plus mûres réflexions.

Nous avons vu et voyons chaque jour des pères de famille, couverts d'honorables blessures, obligés d'aller à une mort certaine, pour prêter le collet à des hommes qui, dans la vigueur de l'âge, ont sur eux une évidente supériorité de force, d'adresse et d'audace.

Nous avons vu, et cela plus d'une fois, des ministres, des chefs de corps, réunis en conseil, fixer, par des transactions en bonne forme, l'espèce d'arme, les règles et les formes d'après lesquelles devaient se faire, et se sont effectivement faits des duels entre des enfans de treize à quatorze ans, l'espoir unique de leur race, et dignes d'une toute autre protection (1).

Nos arrières-neveux, et même les nations nos contemporaines, ne voudront d'abord pas croire à ces actes monstrueux, à ces actes de démence publique qui caractérisent nos dix-huitième et dix-neuvième siècles; et cependant, comme à la fin ils seront bien obligés d'y croire, ces sacrifices, s'écrieront-ils, étaient sans doute quelques expiations terribles, lesquelles ne sont que les conséquences nécessaires de leur principe, expiations qui ont toujours été et seront toujours inévitables pour l'être moral et libre, qui abandonne sciemment le vrai pour embrasser hautement et sciemment le faux : *laomedonteœ luimus perjuria Trojœ.* Mais pour achever, autant qu'il est en moi, de donner des notions exactes sur notre duel, je vais terminer cet article par un cadre resserré, où chacun pourra voir, d'un coup-d'œil, les phases diverses qu'il a eues depuis que son sceptre de sang s'est appesanti sur nous.

(1) Fait qui a eu lieu à Nancy, entre MM. de Turenne et de Bouillé, officiers au régiment du roi, à peine arrivés à la puberté.

Phases du Duel.

Depuis sa naissance jusqu'à nos jours, le duel a quatre périodes, dont chacune est bien distinguée par le caractère qui lui est propre.

La première depuis Henri II, ou l'abolition du combat judiciaire, jusqu'au règne de Henri IV, est d'environ un demi-siècle. Le duel, pendant cet espace de temps, a été un crime public complètement impuni, et entièrement abandonné à lui-même.

La deuxième, qui est aussi d'un demi-siècle, comprend les règnes de Henri IV et de Louis XIII. Durant cette période, les duels ont été aussi fréquens que dans la première, mais avec cette différence bien notable, que les duellistes étaient jugés par les tribunaux, et que les condamnés recouraient à la grâce du souverain.

La troisième, qui est celle du règne de Louis XIV, a duré soixante-dix ans. Sous cette période, le duel a été contenu et réprimé par des lois très-sévères ; mais cependant ces lois n'ont été, dans le fait, que comminatoires.

La quatrième, date de la régence jusqu'à nos jours, et comprend un siècle entier.

Sous cette dernière période, le duel n'est plus un préjugé ni une coutume funeste, ni un crime public ;

c'est un Dieu formé sur le modèle de la divinité de Spi-
nosa, tuant, égorgeant les humains avec l'arme de
l'athéisme ou du matérialisme.

L'on conçoit que notre révolution est venu étendre,
d'une manière prodigieuse, l'empire de cet inconcevable
tyran, en lui donnant des millions d'esclaves qu'il n'avait
pas, et multipliant les occasions d'exercer ses ravages.
Mais, toutefois, il a été, sous cette dernière période, contenu par une cause que l'on n'eût pas soupçonné capable
d'un si grand bienfait. Sa férocité a été suspendue par la
guerre; oui, par la guerre. L'ame du Français qui défend
son pays est absorbée par les sentimens que cette défense
lui inspire, tout ce qui est vil et bas, tout ce qui est
crime, tout ce qui est contre l'humanité, n'approche
ni de son esprit, ni de son cœur. O guerre! tu n'es donc
pas tous les fléaux réunis, puisque tu as la vertu d'en
suspendre un autre, qui est le plus grand ennemi de la
patrie comme de l'humanité !

Tel a été l'état des choses jusqu'à la publication de
nos derniers codes, dans lesquels ne se trouve aucune
disposition textuelle sur notre espèce, quoique le dé-
cret du 29 messidor an 2 eût chargé le comité de législation de proposer les moyens d'empêcher les duels, et
la peine à infliger à ceux qui s'en rendraient coupables.

Ce silence de nos législateurs a fait naître une question, sur laquelle sont divisés nos premiers magistrats
je vais rendre compte de ce grand débat,

Etat de notre jurisprudence sur le Duel,
depuis 1811.

SELON plusieurs de nos cours royales, le duelliste qui a tué son adversaire, doit être poursuivi ou puni comme meurtrier, et s'il ne lui a pas donné la mort, il doit l'être pour tentative de meurtre.

Selon les autres, au contraire, le duel *n'est ni crime ni délit*.

L'on est étonné, au premier aperçu, de voir un partage d'opinions si fortement prononcé entre des jurisconsultes également distingués par leurs lumières et leurs vertus ; mais en y réfléchissant de près, je me suis convaincu que dans cette opposition, il y a plus d'apparence que de réalité, et que les apologistes du duel s'abusent étrangement dans les conséquences qu'ils en tirent, ou les avantages qu'ils s'en promettent. Quoi qu'il en soit, voici les argumens qui se présentent de part et d'autre, et font la matière de cette controverse, digne à tous égards de la plus sérieuse attention.

1° Notre code pénal, disent les partisans de la première opinion, contient des dispositions précises sur le meurtre volontaire : rien n'est plus volontaire que le duel, donc le duelliste qui a tué son adversaire, a réellement commis un meurtre volontaire.

2° Si par le résultat des chances du duel, la mort n'en

est pas le résultat, que nous présente une telle action ? Elle nous montre, de la part de chaque duelliste, une tentative de meurtre bien manifeste, laquelle n'a manqué son effet que par des circonstances fortuites et indépendantes de la volonté de ses auteurs. Faites attention à ces expressions de l'art. 1er, n$_0$ 2 du code : *toute tentative......*

3° L'on ne peut, dans le cas dont il s'agit, argumenter des termes de l'article 4, d'après lesquels *nul crime ne peut être puni de peines qui n'étaient pas prononcées par la loi avant qu'il fût commis*. Cet article ne peut s'appliquer au duel, puisque l'article 304 porte, sans faire aucune exception....... *celui qui sera coupable de meurtre sera puni des travaux forcés à perpétuité.*

4° Le duel n'est qu'un mode par lequel un homme peut en tuer ou blesser un autre; or, les modes quels ils soient, ne changent pas la substance des choses. Supposons que deux hommes se battent avec telles ou telles pierres, avec tels ou tels bâtons dont ils sont convenus, ces manières de se battre, sans contredit, diffèrent toutes les unes des autres, mais chacune d'elles donnera pour résultat le même crime ou le même délit, c'est-à-dire, ce sera toujours ou la mort ou des blessures.

5° Argumenterait-on de ce que le duel est l'exécution d'une convention ? mais combien ce raisonnement serait peu concluant ? En effet, que deux hommes conviennent de se battre avec des armes, autres que des épées ou des pistolets, et que l'un des deux vienne à rester sur le carreau, il y aura évidemment là un meurtre, nonobstant la convention et la simultanéité de l'attaque et de la défense. Eh bien, pourquoi n'en serait-il pas de même de l'action appelée vulgairement duel; car celle-ci n'est autre chose, quoi qu'on en dise, qu'un combat entre deux personnes avec des armes quelconques; elle n'est qu'une espèce dans le genre.

6° Selon la loi 38, *de pœnis*, aux Pandectes, liv. 48, tit. 49, quiconque fait tort à autrui par une action, que cependant il ne croyait pas mauvaise, doit être condamné aux travaux forcés ou à la déportation, et si la même action a causé la mort, il doit être puni de la peine capitale. *Qui, V. G. abortionis, aut amatorium poculum dant, etsi dolo non faciant, tamen quia mali exempli res est, humiliores in metallum, honestiores in insulam, amissâ parte bonorum relegentur. Quod si eo mulier aut homo perierit, summo supplicio afficiantur.*

Puffendorff, chapitre 3, de la *Moralité des actions humaines*, p. 30, liv. 1er, après avoir raisonné sur cette loi, en conclut, par analogie, que le duelliste, qui n'a que le dessein de blesser son adversaire, doit, s'il vient à le tuer, être traité comme son meurtrier, car il savait très-bien que le duel pouvait, même malgré sa volonté, amener un tel résultat. Ainsi, nous, par un raisonnement d'*à fortiori*, devons conclure que le duelliste (ayant toujours la volonté de tuer son ad-

versaire) est réellement, s'il le tue, son meurtrier. Celui-ci est évidemment plus coupable que celui-là, puisque, dans cette dernière espèce, il y a *concilium et
eventus*, et que, dans la première, il y a seulement *eventus sine concilio*.

Montesquieu est du même avis, car tout en critiquant
les édits de nos rois contre le duel, cet illustre publiciste
pensait que les duellistes, sans examiner le résultat de
l'action, pouvaient être punis par l'amputation de la main.
« Quand on a fait, dit-il, dans le siècle passé, des lois
» capitales contre les duels, peut-être aurait-il suffi d'ô-
» ter à un guerrier sa qualité de guerrier, par la perte
» de la main, n'y ayant rien ordinairement de plus triste
» pour les hommes, que de survivre à la perte de leur
» caractère. Chap. 24, p. 201. »

Voilà, certes, un sentiment bien conforme à celui
de Puffendorf, car l'amputation de la main ne peut être
que la peine d'un grand crime.

C'est, sans doute, d'après ces motifs et autorités, que
plusieurs de nos cours royales ont jugé que les duellistes
devaient être mis en jugement, comme accusés de meur-
tres ou de blessures volontaires; mais quoique ces raison-
nemens soient forts en logique, la cour suprême n'a pas
cru devoir les adopter; voici ceux qu'elle leur oppose
en droit positif. « Le duel est un combat qui a lieu entre
» deux hommes en suite d'une convention librement ar-
» rêtée entre eux. Par cette convention, les combattans
» se trouvent placés sur la même ligne, sous le rapport de
» l'attaque et de la défense; ils sont parfaitement égaux,

l'un étant comme l'autre, tout à la fois agresseur et attaqué. Quels que soient les résultats d'une telle action, soit homicide, soit blessure, ils ne peuvent être
assimilés aux cas prévus par les sections diverses du titre 2 du Code pénal, lesquels arrivent sans convention
préalable et surtout sans combat; c'est d'ailleurs un
principe devenu aujourd'hui sacré, que le juge n'a pas
le pouvoir de créer par induction (quelque simple qu'elle
soit) ni un crime ni un délit; il faut que ses yeux lisent
dans la loi le texte qui, en termes clairs et précis, ait
prévu l'espèce sur laquelle il a à prononcer; or, notre
code n'ayant aucun texte sur le duel, il s'ensuit de
toute nécessité, *légalement parlant*, que celui - ci,
ne peut être poursuivi, ou, en d'autres termes, qu'il
n'est, quant à présent, ni crime, ni délit (1). Ainsi, la
cour régulatrice a décidé que le duel ne pouvait être
réprimé que par *une loi spéciale*; mais cette loi est-elle
nécessaire? c'est la grande question sur laquelle nous
sommes divisés, et je me propose de démontrer que jamais loi ne fut plus nécessaire, plus urgente, plus indispensable et plus digne de la France, etc.

Dans tous les temps, l'on a écrit contre le duel, mais
il paraît que ce n'a jamais été avec le concert que nous

(1) Depuis quelques années on lit dans nos recueils d'arrêts,
comme titre d'article : le duel n'est ni crime ni délit. Il me semble que l'on ne devait pas rendre la décision de la cour suprême
en termes aussi crus ; ce n'est point là son esprit.

Cette phrase : *le duel n'est ni crime ni délit*, est une contre-
vérité bien formelle; c'est comme si l'on disait, l'homicide n'est
ni crime ni délit.

voyons depuis dix ans. Les jurisconsultes, les magistrats, les hommes de lettres de toutes les parties du royaume s'occupent de ce grand objet. L'académie de Dijon a ouvert un concours où elle donnera un prix au meilleur mémoire qui lui sera adressé sur les moyens d'extirper (dit-elle) ce reste de notre antique barbarie ; et notre monarque, au milieu de ses immenses travaux, ne rejettera rien de ce qui pourra éclairer sa religion à cet égard.

Dans cet état de choses, deux questions préliminaires se présentent à mon examen.

1° Les édits de nos rois sur la matière peuvent-ils être remis en vigueur ?

2° En cas de réponse négative, le législateur pourrait-il prendre pour base de la loi à faire, les motifs d'après lesquels, plusieurs de nos cours persistent à mettre les duellistes en état d'accusation ? ou, en d'autres termes, les articles divers de notre code actuel, sur l'homicide et les blessures volontaires, peuvent-ils être convertis en loi spéciale sur la matière ? Je répondrai négativement à l'une et à l'autre de ces questions.

Selon les mémoires de Sully, il y eut sous Henri IV quatre mille duels, et selon l'abbé Millot, dans vingt années appartenant à ce règne, et au suivant, il y eut huit mille lettres de grâce accordées à des duellistes qui avaient tué leurs adversaires. Ces calculs font frémir, mais cependant si l'on recherche ici l'exactitude historique, l'on verra que sous Henri IV et Louis XIII, ces horribles tueries n'eurent lieu qu'entre des gentilshommes presque tous militaires, ou autres personnes suivant la profession des armes. Ce qui ne laisse aucun doute sur ce point de fait, c'est que dans leurs édits, nos rois ne se plaignent que de la funeste manie à laquelle est adonnée leur noblesse. D'ailleurs, comment les autres classes auraient-elles pu donner lieu à de pareilles plaintes? Les grands et les nobles du royaume (dans un temps où ils étaient en petit nombre) ayant été les seuls qui se fussent battus en champ-clos, furent naturellement les seuls qui durent vouloir se battre selon la mode nouvelle. Au surplus, voyez tous les édits de nos rois, sur l'espèce, jusqu'à celui donné par Louis XV, le 22 février 1723, vous serez convaincus qu'ils étaient spécialement faits contre les gentilhommes militaires ; donc, en 1723, le duel était encore un usage exclusif à la noblesse, et n'avait pas gagné les autres classes; donc à cette époque, l'immense majorité des Français, à la tête de laquelle se trouvaient les nobles non militaires et les magistrats, ne put voir qu'avec une vive reconnaissance, les efforts de son roi, non-seulement pour arrêter les progrès du mal, mais encore en extirper la racine. Aujourd'hui la situation morale de la France ne ressemble plus en rien à ce qu'elle était sous Louis XV et même sous Louis XVI.

Il est vrai que sous ces deux derniers règnes, les lois du précédent, n'ayant plus été que de vains épouvantails, le duel put se livrer impunément à tous ses excès, et qu'en effet il s'y livra ; mais , toutefois , il n'avait pas encore dépassé les bornes du cercle où il s'était restreint dès sa naissance. Le mal était sans doute au-dessus de toute expression, puisque chaque jour notre sol se voyait abreuvé du sang des plus nobles défenseurs de la patrie ; mais cependant (ce qu'il est impossible aussi de ne pas reconnaître) c'est que dans le temps dont nous parlons, il n'avait pas encore pénétré jusqu'an cœur de la nation. Il y a quarante ans (et chacun de nous s'en souvient) rien n'était plus rare, en France, qu'un combat singulier entre personnes non militaires, ou même entre celles qui auraient exercé autrefois la profession des armes. Un tel événement était regardé comme un malheur public , ou plutôt comme un de ces météores qui frappent toute une contrée d'effroi ; donc alors le duel n'était pas une coutume nationale : car ce serait fort mal juger les choses, que de donner un tel nom à ce qui se pratique exclusivement dans une portion), toujours infiniment petite relativement au tout), et si les auteurs de notre révolution eussent eu à cœur de remplir leurs promesses, si , comme ils l'annonçaient, ils eussent été animés d'une philanthropie franche et sincère, ils auraient commencé leur mission par délivrer l'humanité et la patrie de leur plus cruel ennemi; et, certes, rien n'était plus facile pour eux ; le monde entier eut, avec transport, secondé leurs intentions. Si le duel, dans une circonstance aussi favorable, eut été réprimé par une loi, comme alors, il bornait encore ses ravages à une seule classe , il n'eût pas pénétré dans les autres. C'est donc depuis notre révolution seulement, qu'il est possible de

l'appeler un usage national ; et, en vérité, si les villes
sont là nation, il faut en convenir, rien n'est plus national ; les élèves des colléges, les artistes, les commer-
çans, les artisans, etc., tous s'y battent en duel autant
que nos militaires. Enfin, nos campagnes elles-mêmes ne
sont plus exemptes de la contagion, et bientôt, si nous
n'y mettons un terme, le duel sera le spectacle ordinaire
par lequel finiront, en France, toutes les fêtes de village.

Mais quelles conséquences devons-nous tirer de l'état
de choses dont nous venons de tracer une faible esquisse?
Nous en avons deux : la première, que les édits de nos
rois sur la matière ne peuvent plus être remis en vigueur.

Cette première proposition est suffisamment établie
par les développemens qui viennent d'être présentés,
lesquells m'ont paru nécessaires pour donner aux faits
toute la précision historique dont ils sont susceptibles.

2° Nous devons porter le même jugement d'une loi
qui serait basée sur les dispositions du titre 2 du Code
pénal, d'après l'opinion des cours dont j'ai fait connaître la jurisprudence. Deux mots suffiront pour justifier
cette seconde proposition : pourquoi les anciens édits
contre les duellistes n'ont-ils jamais pu s'exécuter ? la raison en est simple, c'est qu'ils traitaient comme crime
de lèze-majesté une action commandée par un préjugé
devenu tyrannique, ce qui était confondre les premières
notions de la justice distributive ; eh bien, une loi spéciale, calquée sur notre code actuel, produirait absolument les mêmes résultats, et finirait par avoir le même sort.

Car, si les résultats du duel doivent être punis comme l'homicide et les blessures volontaires, les duellistes seront condamnés aux travaux forcés, et, ce qui est un malheur sans nulle comparaison plus grand, à se voir toucher de la main qui imprime l'infamie, supplice, pour des Français, mille fois plus affreux que la perte de l'existence. Or, si la nation entière s'est révoltée il y a deux cents ans, à la seule idée de telles peines, dans un temps où la loi n'en menaçait que la première classe de la société, que ne serait-ce pas aujourd'hui, que la même action est devenue nationale !

Il est encore ici une autre considération de la plus haute importance, et que je ne dois pas oublier de mettre sous vos yeux. Nos dispositions pénales ne punissent pas le duel en lui-même, ni la provocation au duel, mais seulement ses résultats, et comme ceux-ci, de leur nature, sont toujours l'ouvrage du hasard, une telle mesure serait nécessairement imparfaite, et nous jetterait bien loin du but où nous devons tendre. Le grand secret de ce monde est de faire des lois qui préviennent les transgressions, afin de n'en avoir pas, ou d'en avoir peu à punir, mais les lumières qui nous éblouissent empêchent cette simple réflexion d'arriver jusqu'à nous ; nous croyons avoir atteint le point de perfection, en permettant tout, sauf à tout punir : mais qu'est-il arrivé de là ? nos tribunaux sont tellement encombrés de peines de toute espèce qu'il leur faut graduer et prononcer chaque jour, que le nombre de nos juges ne suffit plus à ces tristes fonctions.

Conclusion de cette première discussion.

Ni les édits de nos rois, ni les dispositions du code pénal ne peuvent convenir pour réprimer le duel. Celles-ci éprouveraient infailliblement les mêmes obstacles que ceux-là ont éprouvés autrefois. La France veut une mesure qui concilie les principes de la justice éternelle avec la faiblesse humaine, et la sensibilité nationale ; c'est dans cette mesure seule, que nous rencontrerons ce juste milieu, souvent difficile à trouver, (mais qui se trouve quand on le cherche bien) en deça ou au-delà duquel le vrai ne peut subsister; c'est dans ces intentions que je viens soumettre à SA MAJESTÉ, à la Chambre des Pairs, à la Chambre des Députés , à MM. les Maréchaux de France, le projet de législation qui va suivre.

Premier projet de loi.

ART. Iᵉʳ.

Dans les trois mois qui suivront la publication de la présente loi, tous les officiers de nos régimens de terre et de mer prêteront, entre les mains des chefs respectifs de leurs corps , le serment dont voici les termes :

Je jure sur ma conscience et mon honneur de prévenir et d'empêcher, autant qu'il sera en mon pouvoir, tout duel qui pourra se présenter entre militaires ou autres, quelle que soit la qualité des personnes entre lesquelles il se présentera, et les motifs qu'elles puissent alléguer pour recourir à cette mesure.

II. Ce serment sera prêté par tous ceux qui seront nommés officiers dans nos armées, et inscrit par ordre de date sur un registre destiné à cet effet, lequel restera déposé chez le colonel; celui-ci prêtera le même serment entre les mains du commandant de sa division.

III. Tout officier, quel que soit son grade, qui, après avoir prêté le serment ci-dessus, se battra en duel, ou sera convaincu de l'avoir facilité, sera destitué, condamné à un an de prison et à une amende de mille francs. Il lui sera, en outre, défendu de porter aucune décoration.

IV. Tout sous-officier qui se battra en duel sera mis en prison pour trois mois, et placé le dernier de sa compagnie pendant un an.

V. Tout sous-officier, en cas de récidive, sera mis en prison pour un an, et ne pourra plus obtenir d'avancement ni de décoration.

VI. Tout soldat qui se battra en duel sera condamné pour la première fois, à la salle discipline pendant six mois. S'il récidive, il subira une prison de six mois, après lequel temps, il sera soumis à une surveillance spéciale, consigné au quartier, et privé de tout congé pendant la durée de son engagement.

VII. Tout sous-officier et soldat, qui aura excité au duel par ses conseils, ou aura servi de second, ou l'aura facilité, en fournissant les armes ou le local pour l'exécution, sera condamné aux mêmes peines que les duellistes.

VIII. Quiconque aura empêché un duel recevra de nous une récompense, sur l'avis du colonel du régiment.

IX. Le capitaine de la compagnie où un duel aura eu lieu, son lieutenant ou sous-lieutenant feront toutes les informations relatives au fait, et en remettront le cahier au colonel.

X. Les duellistes seront jugés par les conseils de guerre, où ils pourront se défendre. Dans tous les cas, ce jugement sera soumis à la révision du conseil de MM. les Maréchaux de France, lequel sera appelé haute-cour militaire.

XI. Tous les mois, le colonel de chaque corps rendra compte à notre ministre du nombre des duels arrivés dans cet intervalle ; il y fera mention de toutes les personnes qui seront parvenues à en empêcher.

VII. Nous confions l'exécution de la présente loi à

notre ministre de la guerre, à MM. les Maréchaux de France, à tous les officiers-généraux, à tous les corps d'officiers.

Donné à Paris.

Second projet.

ART. Ier.

Les élèves de toutes les écoles civiles, de celles de médecine, de droit, et de tous les colléges de notre royaume, âgés de 16 ans accomplis, huit jours après leur admission, prêteront un serment ainsi conçu :

Je jure que je ne provoquerai personne en duel, et que, dans l'occasion, j'emploierai tous les moyens qui seront en mon pouvoir pour empêcher cette action.

II. L'avancement de tous ceux compris au premier article, et qui se seront battus en duel, sera retardé de deux ans, et, en cas de récidive, ils seront condamnés à deux ans de prison, à 5oo francs d'amende, à quatre ans de surveillance, exclus de toute promotion et de toute place à l'avenir.

III. Le même serment sera prêté par tous les employés des administrations civiles et militaires de notre royaume.

IV. Ceux compris en cet article 5, qui se battront en duel, seront destitués, et, en cas de récidive, condamnés à deux ans de prison, à 5oo francs d'amende, et pendant quatre ans placés sous la surveillance de la police.

V. Quiconque aura conseillé, favorisé un duel, prêté les armes, ou le local pour son exécution sera condamné aux mêmes peines.

VI. Tout élève d'une autre profession que celles mentionnées ci-dessus, âgé de seize ans accomplis, qui se sera battu en duel, sera condamné à six mois de prison, et, en cas de récidive, à deux ans, et quatre ans de surveillance.

VII. Toute autre personne exerçant un art, une profession, une industrie quelconque, quand même elle aurait été autrefois militaire, et qui se sera battue en duel, sera condamnée à six mois de prison et à une amende de 500 francs; en cas de récidive, à deux ans de prison, à 1000 francs d'amende et à une surveillance de quatre ans; elle ne pourra, en outre, être nommée à aucune fonction publique.

VIII. Les faits de duel imputés aux personnes des différentes classes désignées ci-dessus, seront jugés par nos tribunaux ordinaires, sur les poursuites de nos procureurs, sauf l'appel à la cour du ressort.

IX Ceux qui empêcheront des duels obtiendront de nous des récompenses qui seront réglées d'après l'avis du maire de la commune où le fait aura eu lieu, et du préfet du département.

X. Nous confions l'exécution de la présente loi à nos Ministres de la justice et de l'intérieur, à tous les magistrats de l'ordre judiciaire et administratif, et à tous les pères de famille.

Je ne sais si je me fais illusion, mais plus j'examine les projets que l'on vient de lire, plus s'augmente à mes yeux la confiance qu'ils m'inspirent, plus je suis convaincu des heureux effets qu'ils produiront ; mais quelle que soit ma conviction, je conçois que les personnes qui n'ont point médité sur la matière, peuvent encore ne point la partager.

Selon certains moralistes, les ménagemens avec lesquels j'en use, envers les duellistes, sont une véritable pusillanimité, et les peines que je leur destine beaucoup trop faibles pour arrêter la passion la plus terrible de l'homme, et se rappellant ce que j'ai dit jusqu'à présent sur la nature du crime à réprimer, ils me taxent de l'inconséquence la plus caractérisée.

Selon d'autres (et ceux-ci forment le plus grand nombre) les sermens, semblables aux feuilles de la sybille ne sont que le jouet perpétuel des vents ; et comment espérer que des lois composées avec de tels élémens pourront avoir quelque vertu ?

Voici quelle sera ma réponse à ces deux opinions, et je commence par la première.

1º Notre jeunesse ne sait pas que le duel est un crime, tout a été fait pour éloigner d'elle cette pensée. La désuétude des lois, dont elle n'a pas entendu parler ; un système d'éducation où l'on n'ose pas même (par respect pour l'idole) toucher à l'article du duel ; la haute impunité des duellistes ; le mépris dont se voyent à l'instant couverts ceux qui refusent de se battre, toutes ces causes réunies ont dû faire croire au plus grand nombre que le duel était un devoir.

2° Il est certain que la révolution ayant rendu le duel national, là où tout le monde est coupable, nul ne peut être condamné.

Que fera le législateur dans une conjoncture aussi délicate, 1° abandonnera-t-il le mal à lui-même, précisément parce qu'il est porté à l'excès ? non, il sait qu'il n'est point de mal sans remède pour un corps moral qui se renouvelle sans cesse, et ne meurt point.

3° Le législateur, après une si longue éclipse de législation, infligera-t-il des peines sévères à une jeunesse depuis long-temps imbue des notions les plus fausses ?

Non, sans doute, il ne peut donc employer que des remèdes, qui, chaque jour, affaibliront le mal, en faisant en même temps donner à la génération qui nous presse, une instruction qui n'a pas été donnée à la précédente. Il est impossible que ce double moyen ne produise les plus heureux résultats.

Quand personne ne pourra plus douter que le duel ne soit une hyène que nous caressons dans l'intérieur de nos familles ; quand nous aurons honte de cet incon-

cevable délire, alors le législateur pourra rapporter
une loi qui ne prononce que des punitions correction-
nelles, et en rendre une définitive, où cette action sera
punie des peines prononcées contre tous les autres
crimes du même genre ; mais alors le duel ne sera plus
une mode nationale, il sera toutefois aussi rare qu'il est
fréquent aujourd'hui.

Quant à ceux qui se rient de lois fondées sur le serment (ce sont, j'espère, des jeunes gens); je me borne,
quant à présent, à les prier de lire ou d'écouter la seconde partie de ma dissertation, et de suspendre jusque-là, leur jugement ; ils verront que dans cette partie
se trouvent les preuves de toutes les propositions avan-
cées dans la première ; ils y verront notamment que
mes projets de loi n'ont pas été seulement pris dans la
nature des choses, mais encore dans le caractère dis-
tinctif de notre nation (1).

(1) M. Loiseau, jurisconsulte très-distingué de la capitale,
a publié un mémoire où, après avoir prouvé la nécessité d'une
loi spéciale sur la matière, il en donne le projet.

Selon cet auteur, le duel doit être sévèrement prohibé, mais
cependant il peut, par exception, se permettre aux militaires.
« Un général, dit-il, est, par exemple, accusé de trahison,
» un officier de lâcheté, un soldat de crime, etc.; si, dans ces
» cas, le militaire offensé veut recourir à la chance des armes,
» peut-être serait-il convenable de lui en accorder la permis-
» sion après un mur examen de l'autorité.

« Quant aux personnes non militaires qui se battront en duel,
» elles doivent être poursuivies et condamnées d'après les dis-

Récapitulation de ce qui a été dit jusqu'à présent.

C'est une grande erreur de confondre le duel avec le combat judiciaire; ces deux choses sont très-opposées entre elles ; le premier n'existe en France que depuis l'abolition du second, vers le milieu du seizième siècle. Nos rois, à dater de l'année 1600, ont rendu des lois très-sévères contre les duellistes, mais elles sont restées presque sans exécution, excepté sous Louis XIV, qui a fait de ce crime l'objet d'une attention particulière, et dont la fermeté a suffi pour le réprimer. Le gouvernement de la régence s'étant écarté des principes de Louis XIV, le duel a recommencé ses fureurs et augmenté ses ravages jusqu'à la révolution.

» positions du Code pénal, comme coupables de blessure ou » d'homicide, etc. »

Je dois, pour être conséquent avec moi-même, faire sur ce projet quelques observations, et je les ferai avec bien de la confiance, puisque je marche au même but que son auteur.

1° Si un général est accusé de trahison, un officier de lâcheté, et le soldat d'un crime, ces personnes diverses peuvent, par cette seule accusation, être l'objet de la calomnie la plus grave, ou, en d'autres termes, elles peuvent être *assassinées au moral*, mais si la loi leur permet de se battre en duel, celle-ci livre leur justification au pur hasard ; elle pourra être cause que le calomniateur triomphe, que le calomnié perde tout à la fois et l'honneur et la vie ; certes, tant qu'il restera sur la terre un dernier vestige de justice, jamais une telle loi n'y sera rendue, et si la

Avant cette époque, cependant, il n'avait lieu qu'entre militaires, depuis il est devenu général. La convention nationale a décrété qu'il serait infligé des peines à ceux qui se battraient en duel ; aujourd'hui plusieurs de nos cours royales jugent que notre code pénal est applicable aux duellistes. La cour suprême a déclaré que cette action ne pouvait être réprimée que par une loi spéciale ; j'ai présenté un projet pour cette même loi.

Telle est l'analyse de la première partie de ma dissertation ; à présent pour remplir mon objet, je vais traiter la question, sous le point de vue des principes de droit naturel, hors desquels l'homme ne peut rien faire de bon ni de solide.

loi gombette a pu durer dix siècles, nous en avons donné les raisons, lesquelles ne peuvent plus exister aujourd'hui.

2° Selon le même projet, les duellistes non militaires seront poursuivis et punis conformément à notre Code pénal, c'est-à-dire, que toutes les personnes de cette dernière classe seront condamnées aux travaux forcés et à l'infamie ; mais les Français, dans l'état actuel des choses, ne souffriront jamais le spectacle d'un duelliste placé sur un échafaud ; la nation étant toute guerrière, son caractère est le même, depuis l'homme couvert d'or et de dignités, jusqu'à l'habitant de la plus humble chaumière. Ce qui sera permis à une classe de Français, ne pourra être défendu à une autre. Le vrai ne peut transiger avec le faux, sans devenir faux lui-même, ce qui est crime pour certains membres de la société, l'est nécessairement pourtous.

Une conséquence nécessaire de la répression du duel, c'est que les agressions, les voies de fait, les injures et les calomnies doivent être sévèrement réprimées, et que cet objet doit fixer d'une manière toute particulière l'attention du législateur.

L'on conçoit que cette seconde partie appartient à d'autres élémens que la première; mais j'ose espérer qu'elle sera jugée n'être pas moins importante. Tout le monde sait qu'à l'époque où nous sommes, la plupart de nos jeunes gens, même de ceux qui ont reçu une éducation distinguée, ignorent ce que nous entendons par droit naturel, et c'est à l'instruction de cette classe que mon travail est spécialement destiné. Quant à ceux qui ont des notions de cette science (qui est par excellence celle de l'être perfectible), ils verront que je ne fais ici que tirer les conséquences des principes qui déjà leur ont été enseignés; je dirai donc, tant pour les uns que pour les autres : *indocti discant, et ament meminisse periti.*

4

SECONDE PARTIE.

Maximes du droit naturel sur l'honneur qui com-
mande le Duel.

———

Le droit naturel est la loi primitive, immuable, éternelle et obligatoire pour tous les êtres moraux, quelle
que soit la forme du gouvernement sous lequel ils vi-
vent, et les lois particulières qui les régissent, c'est
ce *rectum naturæ* défini par Cicéron. *Lex cujus Deus*
inventor et lator, cui, qui non parebit ipse se fugit,
naturam hominis aspernabitur, atque hoc ipso luet
pœnas maximas, etiam si cœtera quæ supplicia pu-
tantur effugerit. C'est cette loi qui, selon les expressions de Puffendorf, « convient si nécessairement à la
» nature raisonnable et sociale de l'homme, que sans
» elle il ne saurait y avoir parmi le genre humain de
» société humaine et paisible. »

Voyons ce qu'elle nous enseignera sur l'objet de nos
recherches.

1º Le duel est un combat par lequel un homme, se
croyant outragé dans son honneur, veut se venger de l'auteur de cet outrage; donc le duel n'est autre chose qu'un
moyen de satisfaire une vengeance personnelle; or, l'é-
tude du droit naturel, ou, en d'autres termes, l'étude
de l'être moral nous enseigne que la vengeance est un

crime. Si, dans l'état de famille ou de société, chacun
pouvait se faire justice à soi-même, nulle famille, nulle
société ne serait plus possible sur la terre.

Il est clair que si l'un de leurs membres peut aujour-
d'hui se venger sur un autre, demain celui-ci aura le
même droit, et ainsi de suite; d'où il résultera que
la société des bêtes sera mille fois préférable à celle des
hommes, puisqu'elles ne connaissent pas la vengeance.

2° Dès que l'homme entre dans une société quelconque, ou s'en trouve faire partie, il remet à celle-ci (ex-
pressément ou tacitement) la réparation des torts qu'il
peut être dans le cas d'y éprouver. C'est la conséquence
nécessaire de la nature des choses.

Ces maximes étaient sacrées pour les anciens peuples
de l'Europe, ainsi que pour nos aïeux, et voilà pourquoi le duel leur a été inconnu; car le combat judiciaire,
loin d'être pour eux un moyen de vengeance, était, au
contraire, celui de la prévenir, comme n'ont pas manqué de nous le faire remarquer les meilleurs observa-
teurs, tels que les Sully et les Montesquieu; donc les
seules idées de famille et de société, nous montrent suffisamment qu'une législation, où le duel n'est pas poursuivi, présente un système monstrueux.

3° Si vous reconnaissez que l'homme est un être libre
et moral, ou plutôt, si vous êtes conséquent avec vous-
même, vous concluerez de ces antécédens, que le duel
est un crime aux yeux de Dieu. En effet, un *être libre*

et Dieu sont des corrélatifs nécessaires, tels que sont entre eux père et fils ; et l'être libre, par la seule préro-gative de la liberté, est nécessairement sujet d'une puis-sance supérieure à laquelle il doit compte de l'usage qu'il en fait ; sans cette sujétion, la liberté elle même, considérée seule, et sans aucune relation avec cette puissance, serait le plus funeste de tous les dons, ou plutôt ne serait qu'un instrument de destruction mis entre les mains d'un enfant, et l'être libre serait au-des-sous de la brute, car la brute, n'étant pas libre, ne peut abuser de ce qu'elle n'a pas.

Ainsi, vous voilà convaincu que le duel est une trans-gression criminelle, lors même que les lois civiles ont la lâcheté de ne pas le punir.

4° Selon un autre principe (qui est encore une con-séquence immédiate de la liberté), l'être libre est chargé de faire son bonheur (voilà évidemment sa destination); et quoique, par un sentiment irrésistible, qui est l'a-mour de soi, il soit entraîné vers le bonheur en géné-ral, il a, par la liberté, le choix des moyens qui doivent lui procurer le sien personnel. Par suite de cette règle évidente, puisqu'elle est celle de son instinct, l'homme doit éviter le duel, comme une mesure subordonnée au hasard, et se dire à lui-même, que les chances de celui-ci ne peuvent, sous aucun rapport possible, se rattacher au principe de l'honneur, lequel doit être fixe, quelque soit l'idée que l'on s'en fasse, ou la nuance qu'on veuille lui donner ; il y a plus, pour peu qu'il réfléchisse, il sera bientôt convaincu que ces deux mots, *honneur et duel*, offensent la raison par la plus choquante des contradictions; en effet, le premier nous réjouit, ou nous console, en nous rappelant toutes les idées de grandeur d'âme, de générosité, de pardon, etc., et mettant sous nos yeux les images de tout ce qui est bon, de tout ce qui est beau, tandis que l'autre ne fait que nous accabler par les cruelles affections de la vengeance, de la destruction et du désespoir; ainsi ces deux mots, loin de pouvoir être accolés, se combattent mutuellement et s'entre-détruisent. Hé bien! n'est-ce pas là une démonstration géométrique? n'est-il pas contraire à la marche des choses morales, que l'être doué d'une intelligence ordinaire, qui l'aura écoutée avec un tant soit peu d'attention, puisse jamais l'oublier?

Mais sortons de la théorie, et voyons ce que produisent tous les duels sans exception : celui des deux champions que le dieu Hasard a favorisé, est-il heureux, ou du moins a-t-il ce calme, cette satisfaction intérieure qu'éprouve toujours l'homme qui a rempli un devoir pénible, ou qui a obéi à un tyran farouche et inexorable? Non: loin de là, son triomphe lui fait horreur; il vient d'immoler, à une puérile vengeance, un frère d'armes, un ami, un citoyen utile à la patrie; son sort est lié à celui du premier fratricide de la terre; il s'est fait à lui-même son supplice, quand même la loi de son pays ne le punirait pas; et quoiqu'il fasse, ce supplice ne le quittera qu'avec la vie, *naturam ho-*

minis aspernatus est et eo ipso luet pœnas maximas,
etiam si cœtera supplicia quæ putantur, effugerit, etc.
Mais laissons là ce vainqueur et sa hideuse victoire,
vous allez sans doute (dans une *affaire toute d'hon-*
neur), honorer la mémoire du vaincu, vous allez répan-
dre quelques fleurs sur sa tombe, consoler ses mânes
plaintifs! eh bon dieu! cette idée ne vient pas se présenter à votre esprit; les honneurs de la terre fuient
l'homme tué dans un duel, plus que celui qui a porté
sur lui-même une main homicide. L'on dit tous les
jours, *le malheur est une chose sacrée*, mais dans
cette *honorable* circonstance le proverbe sera men-
teur; la manière dont ce malheureux a terminé sa
carrière, a effacé toutes ses vertus, fait oublier tous
ses services, et même elle permet à la société d'être in-
grate et injuste : *celui qui n'est plus a tous les torts,*
c'est lui dont la témérité ou l'imprudence a ame-
né cette catastrophe; le vainqueur n'est point cou-
pable, etc., etc. Ne sont-ce pas là, les discours que
vous entendez à la suite de tous ces événemens; et si la
preuve évidente des faits force à tenir un langage contraire, à reconnaître que le vainqueur est le seul coupable, alors tout le monde, réduit au plus morne silence,
comme frappé de la foudre, ne trouve plus de termes
pour exprimer combien est malheureuse la nation qui
consent à être victime d'une manie aussi inconcevable.

Tels sont les résultats de tous les duels présens, pas-
sés et futurs. Où sont donc les élémens avec lesquels il
a été possible de les rattacher par un fil quelconque, à

l'idée d'un honneur *même faux*, vous les chercherez en vain, vous ne les trouverez pas; la nature ne peut être faussée jusque-là.

Je sais bien qu'un autre précepteur attend notre élève pour lui donner dans peu des leçons diamètralement opposées; je sais que dans un instant critique, où la passion de la vengeance sera venu frapper, sa jeune imagination; le faux honneur s'y présentera avec tous ses sophismes; mais quels que soient les prestiges de ceux-ci, ils ne feront pas que notre démonstration n'ait été comprise par des esprits droits et libres de tout préjugé. Ils ne parviendront jamais à détruire les impressions profondes qu'elle aura faites; et si, dans certains momens, d'autres impressions peuvent balancer les premières, celles-ci reviendront seules dominer l'esprit, dès que le calme renaîtra dans l'âme, et ce calme, qui se rétablit tout seul, le sera bien mieux encore, quand la société aura fait son devoir, en rendant justice.

L'on croit ordinairement (et nous le disons tous les jours) que les préjugés peuvent dénaturer toute chose, changer le vice en vertu, la vertu en vice, et déjà les anciens, sur la parole desquels nous l'avons adoptée sans examen, avaient cette croyance.

Nous nous trouvons, disait Cicéron, comme imbus, sans savoir comment, d'inclinations et d'habitudes diverses, en sorte que la vérité et la nature elles-mêmes sont forcées de céder à la mode et à l'opinion. *Variis imbuimur moribus et vanitati veritas, et opinioni natura ipsa cedit.* Tusculannes, *liv.* 3 ; ainsi les plus grands hommes ont cru que les préjugés avaient une puissance sans bornes, mais il n'existe pas d'erreur plus grande en philosophie, et qui soit mieux démontrée par l'histoire. Cette puissance n'a jamais existé ; et les incroyables excès que nous voyons non-seulement chez les peuples les plus simples, mais chez ceux qui cultivent avec le plus de succès les sciences et les lettres : ces excès, disons-nous, loin de pouvoir être attribués au préjugé, ne sont que la preuve de notre faiblesse, ou de notre indifférence sur tout ce qui est malheur public, parce que chacun espère qu'il n'en sera pas atteint. L'être perfectible est sans doute accessible à l'erreur ; l'ignorance comme les fausses doctrines l'égare, et les mauvais exemples le corrompent ; mais cependant il préférera toujours la vérité au mensonge, quand on lui fera connaître la différence de l'une à l'autre ; parce que celle-là seconde le sentiment qui l'entraîne vers son bonheur, et que celui-ci le rend toujours malheureux. Aussi que ne faut-il pas faire pour qu'il embrasse le mensonge ! Il faut que ses guides et conducteurs le lui présentent sous les couleurs de la vérité, autrement ils n'y réussiraient jamais : donc il n'est pas de préjugé nuisible ou de coutume vicieuse, fussent-ils aussi anciens que le monde, que les lois et l'éducation ne puissent détruire. Les droits de la nature sont imprescriptibles, et rien, s'il veut s'en donner la peine, ne peut empêcher l'homme de les rétablir.

Conclusion de ce chapitre.

L'ANCIENNETÉ du duel chez la nation française, n'est pas une raison pour que son législateur le passe sous si-

lence, ou ne lui inflige aucune peine, parce que si l'é-
tat des anciennes mœurs de son peuple, est essentiellement l'objet de ses méditations, il n'en est pas la
règle. Agir autrement, ce serait de sa part approuver,
encourager solennellement le crime; ce serait cor-
rompre les sources de la morale universelle, et se mettre en opposition directe avec l'opinion publique du
monde entier : supposition heureusement impossible.
L'ancienneté d'un crime national est sans doute un
motif qui, dans les peines à prononcer, mérite des
égards; mais des égards, quels qu'ils puissent être dans
la fixation de ces peines, sont loin d'être une approba-
tion et un encouragement; ils sont précisément tout le
contraire.

Ainsi, nous devons penser, avec plusieurs jurisconsultes, que les auteurs de notre dernier Code pénal ont
entendu comprendre les duellistes dans les catégories
générales de ce Code, relatives aux délits commis contre les personnes.

En voilà sans doute assez pour montrer comment le
droit naturel s'explique sur l'espèce d'honneur préten-
du, qui ordonne le duel à la nation française; mais,
comme il existe dans la nature humaine un principe
vrai, auquel nous avons donné le même nom, un principe qui est réellement dans le cœur humain, je croi-
rais n'avoir pas rempli la tâche que je me suis imposée,
si je ne le faisais connaître, et ne montrais combien il
est ennemi de l'honneur qui a usurpé son nom, et dont
nous venons de parler.

De l'honneur.

L'HONNEUR est le témoignage public d'estime que nous donnons à ceux qui ont rendu des services importans à l'humanité ou à la patrie. Il est donc un effet, et non une cause; mais employé par métonymie, il signifie, dans l'acception commune, ce principe lui-même qui inspire à l'homme le courage de vaincre les obstacles, quand il s'agit de servir son pays ou d'être utile à ses semblables.

L'amour de l'honneur est dans la nature humaine comme l'amour du bonheur lui-même. L'honneur est à l'ame ce que la santé est au corps. Si l'homme n'est pas estimé de ses concitoyens, il est malheureux. La chute d'une feuille le fait trembler; il languit dans un état de maladie morale, contre laquelle tous les autres avantages possibles ne peuvent rien; et s'il a cette estime, tous ses maux s'adoucissent et lui deviennent supportables. Bélisaire ne fut jamais malheureux.

Ce témoignage de l'estime publique est le puissant aiguillon avec lequel la Providence met en mouvement l'être qu'elle a chargé de se perfectionner : en lui montrant au sortir au l'enfance, le prix qui l'attend au bout de la carrière, elle éveille le sentiment de ses forces, et lui fait entrevoir tout le développement dont elles sont susceptibles.

Ce principe a été défini heureusement par ce vers de

l'Énéide, lequel s'applique à toute action accompagnée de grandes difficultés :

Vincit amor patriæ laudumque immensa cupido.

Une première conséquence de cette définition, c'est qu'il ne peut exister d'honneur sans vertu, que celui-là est à celle-ci ce qu'est l'espèce relativement au genre, que tout ce qui est contraire à l'un l'est nécessairement à l'autre.

Tel est l'honneur vrai, le seul possible, parce qu'il est le seul dans la nature de l'être moral, le seul aussi qui a produit cette foule auguste et sans nombre de capitaines, d'hommes d'état, de savans et d'artistes que nous jugeons aujourd'hui, moins par leurs talens que par leurs services, et forme ce trésor de gloire dont la France est plus riche qu'elle ne l'est de la fertilité de son sol (1).

Cet honneur, qui ne peut exister sans l'obéissance aux lois, a régné en France jusqu'au XVIe siècle. Avant

(1) Dans l'ordre de nos idées, la vertu est plus sublime que l'honneur ; elle fait le bien pour le bien seul, espérant ses récompenses d'une autre justice, que de la justice humaine ; mais si la fin de ces deux mobiles est différente, ils n'ont l'un et l'autre pour y arriver qu'un seul et même moyen, celui de travailler sans cesse pour le bien de l'humanité et de la patrie. Il paraît que cette distinction bien sentie des anciens n'a cependant pas été développée par eux, comme elle l'est aujourd'hui. Ils appelaient vertu ce que nous entendons par honneur.

cette époque, nul Français, quelque fût sa naissance ou
son crédit, comme le justifie le combat de Jarnac,
n'avait songé qu'il pût se battre en duel sans en demander la permission, et sans remplir les formalités établies
par une loi qui durait depuis les commencemens de la
monarchie. Mais qu'arriva-t-il quand cette ancienne
institution fut supprimée sans qu'aucune autre la rem-
plaçât? Alors, un être inconnu dans les langues des
hommes, parce qu'il n'est pas dans la nature, un être
purement fantastique, vint se glisser furtivement dans
nos mœurs, affectant de prendre pour mieux nous
tromper, le masque, l'accent et le nom de l'honneur
vrai, ou de l'honneur de la nature dont nous venons à
l'instant de tracer une faible esquisse.

Il était bien facile de dissiper le fantôme, en montrant que l'honneur nouveau était l'ennemi déclaré de
l'ancien, dont il se faisait le singe. Il suffisait d'ailleurs
d'une loi qui, appropriée aux circonstances, eût avec
le même but, remplacé celle que l'on abrogeait. Une
telle mesure, qui était simple et facile, eut anéanti
tous les effets d'un prestige opéré par l'imposture la plus
grossière; mais rien de tout cela ne se fit; et le législateur n'ayant pas, durant un demi-siècle, donné la
moindre attention à cet objet, malgré son importance,
l'honneur mensonger eut tout le temps de faire des
progrès, d'acquérir des forces, et de devenir enfin le
rival de l'honneur vrai; en sorte que depuis deux siècles et demi, la jeunesse de nos premières familles re-

çoit successivement deux éducations dont l'une détruit l'ouvrage de l'autre.

Dans la première, qui est celle de la maison pater-nelle et du collége, on enseigne que la vengeance est un crime, que nul dans l'état de société ne peut se faire justice à soi-même, etc.; et dans la seconde, qui suit de bien près la première, c'est-à-dire au moment où le jeune homme, sorti des bancs de l'école, fait ses pre-miers pas dans la société, on lui donne des leçons en-tièrement opposées; on lui enseigne que la vengeance, par le moyen du duel, est un devoir indispensable; on lui apprend que l'*honneur moral* est un être de raison; et, comme toutes les parties du droit naturel forment un seul tout indivisible, vous voyez clairement la con-séquence immédiate qui sort de tels antécédens, c'est que l'être moral lui-même et la moralité des actions ne sont que des chimères inventées pour faire peur à des enfans, et contenir la partie ignorante, laquelle chez tous les peuples forme le plus grand nombre.

Un tel état de choses m'a paru d'abord inconcevable, et impossible à expliquer. En effet, que des hommes simples, confondant la religion avec la superstition (et cela ne sera jamais autrement), que des hommes sim-ples, disons-nous, persuadés que la Divinité inter-vient dans les querelles de ce monde, aient cru que la justice était toujours du côté de la victoire, et que dans ces dispositions, la loi gombette se soit établie chez nos aïeux, cela se conçoit et s'explique : cette croyance est encore celle de la plus grande partie du genre

humain, et notamment de ces hommes qui, dès leur
naissance, sont destinés aux pénibles travaux de la terre.
N'est-il pas constant qu'en tous pays, même les plus civilisés, cette classe respectable dont les bras font aller
la machine, se trouve par le fait bornée à une faible
portion d'instruction qui forme ce premier degré de
civilisation, que j'appellerai l'état *de l'homme simple?*
Et d'ailleurs, comment pourrait-il en être différem-
ment? Ne faut-il pas que dans un système de perfectibilité, tel qu'est celui de notre globe, la plus grande
partie d'entre nous parcourre sa carrière, sans connaître
toute l'étendue des conséquences du droit naturel,
dont la science veut des études et des méditations sui-
vies? *Vita brevis, ars longa.*

Ainsi, nous pouvons expliquer comment le combat
judiciaire a duré chez nous dix siècles, il n'est en cela rien
de contraire à la nature; mais qu'une doctrine ensei-
gnant la vengeance et la violation de la première règle du pacte social, se soit appelée hautement la loi
de l'honneur, et qu'à l'aide de cette jonglerie grossière,
elle ait prévalu sur l'instinct de l'humanité, sur toutes
les institutions, tant civiles que religieuses, et cela à
une époque où toutes les sciences humaines sont cultivées avec le plus grand succès, et où nous regardons
en pitié tous les peuples qui n'obéissent pas au même
honneur, voilà, je l'avoue, une difficulté qu'au premier aperçu, j'ai craint de ne pas vaincre; mais cependant comme nul effet n'existe sans cause, j'ai cru
devoir rechercher celle qui a amené des résultats qui

d'abord m'avaient semblé inexplicables, et je crois l'avoir trouvé; mais comme d'autres avant moi ont fait les mêmes recherches, je commencerai par exposer ce qui a été dit sur cet article, un des plus importans de l'histoire de l'esprit humain.

Voici donc ce que disent des auteurs graves, soit pour rendre raison d'une monstruosité, sur laquelle l'habitude de chaque jour nous a blasés et rendus insensibles, soit pour nous rendre excusables à nos propres yeux, de ce que depuis, si long-temps, nous avons la fatale bonhomie de nous faire ses dupes et ses victimes.

Causes auxquelles a été attribuée la fortune du Duel.

SELON Hobbes, et autres qui ont cru cet auteur sur parole, le duel est un combat; tout combat suppose dans ses auteurs du courage, de la force et de l'adresse, et par conséquent une éducation distinguée. Or, il n'est pas de société humaine où ces qualités ne seront toujours en grande estime. Ainsi, rien n'est plus simple, rien n'est plus dans l'ordre que la fortune du duel. Il est même impossible qu'il en soit autrement dans une jeunesse toute guerrière, sur qui le seul mot *combat* produit l'effet de l'étincelle électrique.

Nous avons déjà dit, peut-être plus d'une fois, que tout ce que l'on allègue, soit pour expliquer les progrès du faux honneur, soit pour nous faire pardonner de ce

que depuis si long-temps nous nous sommes faits ses
esclaves, était faux comme lui; et certes, chaque pas
que nous faisons nous fournit une preuve nouvelle de
cette vérité. Ce que nous venons d'entendre n'est qu'un
paralogisme, dont le vice sera palpable pour les yeux
les moins exercés.

Le courage, la force et l'adresse sont sans doute des
qualités qui doivent être honorées en tout pays; rien
n'est plus évident; elles sont même des vertus sublimes,
toutes les fois qu'elles sont dirigées par l'amour de la
patrie ou de l'humanité; et voilà pourquoi les romans
de la chevalerie, entr'autres le poëme du Tasse, ont
obtenu tant d'intérêt. Mais elles sont des crimes toutes
les fois que l'homme les emploie pour la ruine de la
chose publique, ou le malheur de ses concitoyens. S'il
en était autrement, nous serions forcés de donner nôtre estime à tous les Catilina, à tous les Cartouches de
ce monde, à tous ceux qui vont attaquer les voyageurs
sur les grands chemins, car ces hommes aussi ont besoin de combinaisons dans l'esprit, de force et de courage. Hé bien! il en est de même des qualités que le
duel exige de ses champions, sauf néanmoins les différences qui lui sont propres, et font de cette action,
dans le genre des crimes, une espèce singulière et
séparée de toutes les autres par son extrême absurdité.

Ainsi, comme le duel est un combat arrêté librement entre deux hommes, qu'un combat semble présenter de sa nature à ceux qui s'y engagent les mêmes

chances, c'est-à-dire les mêmes moyens d'attaque et de défense, les mêmes craintes, les mêmes espérances, il est évident, sans qu'on le dise, qu'une telle action ne peut être placée sur la même ligne que celles commises par trahison ou guet-à-pens, et rien sans doute n'est plus simple ni plus clair; mais de ce qu'une action en morale soit moins féroce et moins odieuse qu'une autre, s'ensuit-il qu'elle ne soit pas criminelle? Non, il s'ensuit uniquement que le crime, ainsi que la vertu, a ses degrés; voilà tout ce qu'il est possible de conclure de la comparaison que nous faisons. D'ailleurs, prenez-y garde, quand nous disons que le duel présente à ses acteurs des chances absolument égales, nous raisonnons dans la pure théorie, nous parlons de ce qui devrait être, autant toutefois que l'humanité le comporte et non de ce qui arrive tous les jours. Car, si nous interrogeons l'expérience, ce maître qui ne trompe jamais, il nous répond que cette prétendue égalité des chances, si vantée par les partisans du duel, et même adoptée comme motifs de jugemens par les organes de la justice, n'est dans le fait qu'un être de raison, ou plutôt la chose *moralement* impossible, et que les dix-neuf-vingtièmes des duels ne sont que des rencontres du loup et de l'agneau. En effet, les lois de *l'honneur* ne permettent pas à l'homme d'une constitution faible, ou inexpérimenté dans les armes, de refuser le combat offert par un homme évidemment plus fort que lui, ou plus exercé dans l'art de l'escrime; elles ne dispensent pas non plus le premier de provoquer le second. L'honneur français est un inexorable tyran qui ne souffre au-

5

cune représentation; il faut lui obéir sur-le-champ et
sans balancer; il ne permet pas que l'on fasse la moindre attention ni à la stature, ni aux muscles, ni à l'expérience d'un ennemi plus dangereux que toute une
armée rangée en bataille; il veut, ce tyran, que l'on
se batte pour lui, sans s'inquiéter du reste; il se
charge des récompenses. Que suit-il d'une volonté aussi exclusive? Il s'ensuit naturellement qu'un es-
crimeur, même médiocre, peut faire trembler tout
un pays, et immoler les unes après les autres, les victimes qu'il lui plaira de choisir. L'on sait qu'il ne man-
que pas de gens de cet acabit, surtout dans les grandes
populations où ils peuvent s'en donner à cœur joie.
L'histoire de France elle-même, comme nous avons
eu occasion de le remarquer, ne fait-elle pas mention
de certains duellomanes, pour qui le duel était un besoin, une passion, et lesquels arrêtaient les premiers
passans dans les rues pour les forcer à se battre.

Il était impossible que le génie du mal ne fût effrayé
d'un tel état de choses (l'excès du mal fait toujours
trembler son auteur), et convaincu que l'égalité des
chances, dans le duel à l'*arme blanche*, était une grossière imposture, il daigna nous gratifier du duel à
l'arme à feu; et depuis ce grand bienfait, nous avons
obtenu une telle égalité de chances, que l'individu le
plus chétif, et le moins exercé dans la science de l'escrime, peut faire mordre la poussière au plus redoutable des spadassins, ce qui est un perfectionnement à
la chose, bien digne de la plus haute civilisation. Et

n'allez pas vous figurer qu'ici la victoire exige de grands calculs, des coups de force et d'adresse, dont peu d'hommes sont capables, ou une éducation distinguée ? Non, la science est simplifiée et mise à la portée de tout le monde. Voici comme s'exécute cette savante pantomime, une des belles institutions de l'esprit humain, et qui a décidé souverainement le problème si difficile à résoudre, de la supériorité entre les anciens et les modernes.

Les acteurs sont placés à l'intervalle qui doit se trouver entr'eux (lequel, selon les règles de la perfectibilité, doit être le plus court possible). Le sort décide lequel des deux tirera le premier, ou bien peut-être encore, ils doivent tirer ensemble à un signal convenu. Les témoins chargent et rechargent les armes, tant et si long-temps que la sublime convention n'est pas remplie. Telle est la théorie d'après laquelle l'on doit se battre aujourd'hui. Mais cependant, soyons justes, le duel moderne n'a pas encore la prétention d'être exclusif, il n'empêche pas, quant à présent, son frère aîné de partager son empire; mais comme cet empire, suit les degrés de notre civilisation, les gens comme il faut ne se battent plus qu'au pistolet. Mais, quoi! me demanderez-vous, est-ce que le duel à l'arme à feu n'est pas un combat ? Le duel à feu, un combat! Non, sans doute, il n'est qu'un assassinat! Et quel autre nom, s'il vous plaît, donner à l'action d'un être doué de raison et de liberté qui, en vertu d'un pacte prohibé par la nature et toutes les lois, tue son semblable comme fait un chasseur à l'affût d'une pièce de gibier ? Chacun des acteurs de cette scène n'est-il pas un assassin avec préméditation ? et, si après avoir, avec bien du soin, ajusté son coup le hasard se plaît à le tromper, n'est-il pas coupable d'une tentative bien éclatante d'assassinat, laquelle n'a manqué que par des circonstances indépendantes de sa volonté ? Si donc, la plupart des duels *à l'arme blanche* sont dans la réalité des assassinats, comme on ne peut décemment le contester, tous les duels *à feu*, sans exception, sont des assassinats exécutés avec préméditation ; et si nous n'obtenons pas la loi qui est l'objet des vœux de la France, nous sommes dans un état de société où cette espèce de crime n'est point réprimé. Donc enfin, les causes indiquées par Hobbes et ses adhérens, pour expliquer les progrès du duel, sont loin d'être admissibles. Le bon sens les repousse. Il n'est pas une nation au monde qui ne doive punir sévèrement le courage, la force et l'adresse, lorsqu'ils sont employés à commettre le crime. Agir autrement, c'est confondre l'abus le plus grossier que l'on puisse faire d'une chose sacrée avec cette chose; c'est confondre toutes les idées du vrai, du faux, du juste et de l'injuste; mais pour expliquer les progrès du duel, ses défenseurs ne se bornent pas aux causes que je viens de réfuter, et qui sont puisées dans l'état actuel de nos mœurs, ils prétendent qu'il est une suite naturelle de la politique moderne et du système qu'ont adopté entre elles toutes les puissances européennes, d'où ils infè-

rent que tous nos efforts se font en pure perte. Je crois
devoir vous donner une idée des discours insidieux que
vous entendrez à ce sujet, et vous mettre en garde contre leurs prestiges.

*Discours tirés de la politique contré les projets de
loi, qui ont pour but la destruction du Duel.*

Dans le système actuel de l'Europe, chaque souverain se trouve dans la nécessité de tenir sur pied,
même en temps de paix, une force armée proportion-
née à l'étendue de ses états. Il est indispensable d'appliquer la jeunesse qui compose cette force, aux dif-
férens exercices du corps, et notamment à celui de
l'escrime, pour la tenir sans cesse en haleine et prête
à marcher. *Si vis pacem para bellum.* Quelle est la
suite d'un tel état de choses ? Elle est sensible : le jeune
homme armé, à qui tous les jours on ne parle que d'honneur, se verra forcé de demander à chaque instant raison de la moindre offense qui lui sera faite ou qu'il
croira lui être faite, soit en paroles, soit en gestes. De
là, sans doute, ces duels si fréquens entre militaires,
de là, il est vrai, ces catastrophes journalières qui
plongent nos familles dans l'excès du malheur ; mais
du moins ceux qui se battent ainsi prouvent qu'ils ne
craignent point de voir l'ennemi en face, donc le duel
n'est qu'un mal particulier qui, loin d'attaquer les fondemens de la société, contribue à la gloire et à la pros-
périté du corps politique.

Il sera impossible, ajoute-t-on, que cet exemple ne

soit suivi par les jeunes gens des autres classes, quoique non militaires dans ce moment, parce qu'ils ont
reçu la même éducation que les premiers, et peuvent
être demain aussi sous les drapeaux; donc tant que la
politique de l'Europe sera ce que nous la voyons, le
duel sera en honneur; c'est un résultat nécessaire de
l'ordre actuellement établi. Il y a plus; outre ces premiers avantages, il en est un autre qui ne doit pas être
oublié : la crainte du duel mettra tant de jeunes gens
réunis, dans l'obligation d'être circonspects et prudens,
les uns à l'égard des autres, d'avoir des égards récipro-
ques; et cette dernière considération, jointe aux premières, est d'une grande importance.

Voilà le langage que vous entendrez dans le monde, et qui même se trouve dans des écrits sérieux. Il
pourra faire impression sur des personnes honnêtes
qui, peut-être sont hors d'état de l'approfondir (et
c'est le plus grand nombre); mais il n'en imposera
jamais à quiconque voudra l'analyser avec l'intention
de connaître ce qu'il peut contenir de vrai ou de faux.
Celui qui prendra cette peine aura bientôt vu qu'il
ne présente qu'un tissu de machiavélisme, où il n'y
a pas même de subtilité. En effet, comment peut-on
se permettre d'avancer que la patrie a besoin de recourir à un crime public, à un crime de tous les instans pour maintenir ses succès et augmenter sa gloire?
Comment espère-t on façonner un être raisonnable,
à l'idée, qu'avec le sang froid du dieu Saturne, la mère commune, au milieu d'une profonde paix, verra

ses enfans les plus chéris, ses meilleurs défenseurs s'en-
tregorger, afin qu'ils deviennent plus redoutables à ses
ennemis quand l'événement se présentera. En vérité,
ces propositions sont autant de blasphêmes, et leurs
auteurs n'ont pas même l'idée de ce que présentent à
l'esprit et au cœur les mots : *patrie,* ou *défenseur de
la patrie.* Et rien, au surplus, ne doit en cela nous
étonner; ces sentimens seront à jamais étrangers à
ceux qui n'admettent ni droit de la nature, ni droit des
gens. Livrons donc au mépris des assertions aussi ab-
surdes qu'elles sont révoltantes, et démontrons par les
faits les plus constans de l'histoire ancienne et moderne, que les peuples qui ont le mieux connu ce que
c'est que *patrie* n'ont jamais eu de pareilles doctrines,
où plutôt qu'ils les eurent en horreur.

1°. Les peuples anciens de notre Europe, ceux que
nous voulons le plus imiter, les Grecs, les Romains,
les Gaulois, les Germains, etc., étaient plus guerriers
que ne sont les modernes. La raison en est sensible.
Comme ils n'avaient aucun signe qui les ralliât *sous le
rapport commun de l'humanité,* leurs dieux étaient
aussi ennemis entr'eux que les nations belligérantes l'é-
taient entr'elles. Les anciens se trouvaient donc dans
un état naturel de guerre, au lieu que l'Europe moderne ne reconnaissant, depuis le règne de l'Evangile,
que le même Dieu, cette partie du monde est depuis
dix-huit siècles dans une disposition naturelle à la paix ;

2° Il est de fait que la jeunesse des peuples anciens

était beaucoup plus formée que celle d'aujourd'hui à l'escrime et aux autres exercices de la gymnastique, et cela devait être, puisque les batailles, dans ces temps-là, se faisaient de corps à corps et à l'arme blanche, ce qui, aujourd'hui, n'arrivera plus, depuis que l'artillerie et la mousqueterie, en changeant la manière de faire la guerre, ont aussi changé le monde politique. Eh bien! les armées des peuples anciens (quoique la science de l'escrime leur fût plus nécessaire qu'à nous) ne connaissaient pas le duel, et cela pourquoi? parce qu'ils n'avaient qu'un sentiment, celui de l'amour de la patrie; ils étaient convaincus que celui-là, loin de la défendre, était son plus grand ennemi, qui aurait donné la mort à un de ses concitoyens, eût-il été son ennemi particulier.

3° Ce qui justifie que le duel n'est pas la suite inévitable de la politique moderne, c'est qu'il n'a pas lieu dans les autres états de l'Europe, lesquels sont obligés, à l'instar de la France, de tenir continuellement des armées sur pied; qu'en tous cas, il y est extrêmement rare, et ne s'y voit qu'entre militaires nobles, qui se piquent de prendre les mœurs de la nation la plus civilisée, même dans ce qu'elle a de plus vicieux.

L'année dernière, la cour de cassation a renvoyé à la cour royale de Nancy une affaire de duel entre deux officiers anglais; qui ont traversé la Manche pour enir se battre sous les murs de Calais, et lesquels, après s'être battus au pistolet, ont été mis en accusation pour tentative de meurtre, par la cour de Douai.

Ce fait est bien suffisant pour confirmer ce que nous avançons, relativement à nos voisins. Si le duel pouvait se faire en Angleterre, sans crainte pour les duellistes d'être poursuivis par la justice (et sans doute il est beaucoup d'autres faits de cette nature qui me sont inconnus), ces deux militaires anglais ne fussent point venus se battre sur le sol français. S'ils y sont venus, c'est qu'ils se croyaient bien assurés de l'impunité; ainsi la France n'est pas seulement destinée à voir chaque jour se renouveler dans ses propres enfans, le spectacle dégoûtant des anciens gladiateurs, mais encore à devenir le théâtre où les étrangers accourent de toutes parts, pour transgresser impunément les lois de leur pays. M. le procureur-général de Douai pose en fait, dans son réquisitoire, qu'en Angleterre le duel est puni de la peine capitale.

Quant à la considération tirée de la prudence et de la circonspection que le duel, suspendu comme l'épée de Damoclès, peut inspirer à des hommes réunis en masse, je dirai que si d'un côté, il produit cette influence, d'un autre, il rend plus intraitables et plus insolemment despotes, ceux qui se croient supérieurs aux autres dans l'expérience de l'escrime, et ici le bien ne peut compenser le mal.

D'ailleurs, personne n'ignore que la discipline mi-

litaire, essentiellement conservatrice de tous ceux qui
lui sont soumis, possède éminemment la science des
précautions, et des moyens avec lesquels s'obtient cette
réciprocité d'égards, sans laquelle un rassemblement
d'hommes, même le plus petit, ne pourrait subsister
l'espace d'un jour; il est évidemment contre nature de
supposer à l'esprit de cette discipline, des vues secrètes
qui seraient si contraires à l'objet de son institution;
elle ne voit donc qu'avec l'indignation, et la douleur la
plus profonde, un usage qui détruit dans sa pleine vigueur ce qu'elle a pris tant de peine à former ; et, si
elle le supporte, c'est qu'elle y est entraînée par la ty-
nie du préjugé, dont les premières classes de la nation sont esclaves.

Mais pour qu'il ne vous reste plus le moindre doute
sur ce point capital, consultez ceux qui ont constamment marché à la tête des autres dans les sentiers du
véritable honneur; ils connaissent beaucoup mieux que
tous autres les avantages et les inconvéniens attachés à
l'établissement des corps militaires, et particulière-
ment à leur permanence. Hé bien ! ils sont convaincus,
ces hommes respectables, tant par leurs études que
par leur expérience, que l'institution d'une armée,
soit en paix soit en guerre, n'est qu'un déplorable con-
tresens fait à l'humanité, si elle ne se conforme scru-
puleusement aux règles qui lui sont tracées par le droit
de la nature et des gens. Voilà les véritables juges de
la question qui s'agite entre les apologistes du duel et
nous. Oui, tous ces illustres guerriers affirment que

la patrie n'a pas de plus grands ennemis, que ces bra-
ves de caserne, devenus la terreur de leurs camara-
des par les funestes exploits de cette botte secrète,
dont le nombre et les détails propres à chacun font
l'histoire journalière du régiment ; et ces chefs des
armées françaises se réunissent à nos magistrats pour
que l'on prenne au plutôt ; d'une main ferme, les
moyens propres à extirper une peste qui moissonne
depuis si long-temps les plus belles comme les plus so-
lides espérances de la patrie.

Ainsi, tout ce que nous opposent les défenseurs du
duel, pour justifier son existence et ses progrès, n'est
qu'un entortillage de machiavélisme incapable d'en imposer à quiconque voudra l'examiner avec attention.
Certes, il ne faut pas tant se tourmenter pour expliquer cette monstrueuse fortune ; elle est le résultat nécessaire de deux causes bien palpables : 1°. D'une longue impunité qui est absolue ; 2°. Du défaut d'une instruction assez répandue, pour être opposée aux progrès de l'erreur. Le duel étant un crime, la société où
il se commet ne peut exister sans une loi qui le répri-
me, ou cette société pèche par ses fondemens. Mais ce
ne sera pas assez, comme ce crime est retranché der-
rière un préjugé héréditaire dans la classe de la nation
qui donne le ton et l'exemple aux autres, ce préjugé
ne pourra être détruit que par une discussion soute-
nue, où les sophismes de ses défenseurs seront mis
dans tout leur jour. Il est contre tout ordre qu'il ré-
siste à une telle attaque ; mais je vais plus loin, je sou-

tiens que cette résistance est la chose même impossible; car, admettre cette seule possibilité, c'est renverser tout d'un coup la marche de la nature, et nous jet-
ter dans la nécessité d'embrasser les conséquences sui-
vantes.

Conséquences nécessaires de l'opinion que le préjugé du duel résistera à toute discussion.

Ce que nous appelons lois, gouvernement, religion,
est nul devant tout préjugé, même le plus absurde et
le plus funeste.... Tout ce qui nous a été enseigné jusqu'à présent sur la puissance de l'éducation, n'est que
jonglerie..... La liberté, la perfectibilité de l'homme,
la moralité de ses actions ne sont elles mêmes que
d'autres jongleries.... L'homme sur cette terre est un
enfant que rien ne sortira des langes où il aura été en-
veloppé à sa naissance.... Les nations qui se partagent
les différentes parties de ce monde, sont autant d'espèces essentiellement différentes les unes des autres,
comme le sont celles des bêtes.... Une nation sauvage
ne peut devenir civilisée.... L'on ne pourra jamais empêcher celle-ci de manger ses prisonniers, celle-là de
porter une main homicide sur ses père et mère, sous
prétexte qu'ils sont infirmes ou caduques.... La Chine
sera toujours livrée au crime de l'infanticide; et un
peuple, qui a déjà des notions de morale, ne pourra
faire un pas en avant, ni perfectionner son état.... Ainsi,
en Europe, sous la ligne même de la civilisation; là,
où sont professées les maximes les plus pures, il sera
impossible de détruire ces vengeances héréditaires qui,

dans ces contrées, sont aussi fréquentes que le duel
l'est parmi nous, etc., etc. Voilà quelques-unes des
conséquences (et il en est mille autres de la même ca-
tégorie) qui pulluleront du système que l'on nous oppose, et qu'il nous faudra cependant savoir dévorer, si
une fois nous reconnaissons que le duel est indestruc-
tible, par la seule raison que'depuis deux ou trois siècles il est entré dans nos mœurs, car les usages crimi-
nels que nous venons de signaler sont depuis bien plus
long-temps dans les mœurs des peuples dont nous ve-
nous de parler, que le duel n'est dans les nôtres, puisque celui-ci est d'une date récente : et, tout en dévo-
rant ces absurdités, il faudra aussi nous résoudre à
donner un démenti formel à l'histoire du genre humain, qui nous atteste chez tous les peuples l'abolition
ou la chute des préjugés les plus anciens.

Je pourrais me borner aux exemples que je viens de
rapporter ; il me paraissent bien suffisans pour démontrer qu'un crime national est susceptible de répression
comme celui d'un individu, quelque soit l'ancienneté
du préjugé qui l'a soutenu jusqu'à présent ; mais je ne
puis me refuser à mettre sous vos yeux un exemple qui
a un rapport direct avec notre sujet, c'est celui d'une
espèce de duel pratiqué chez un peuple de l'Asie, que
les voyageurs nous donnent comme le plus civilisé de
ce continent, et dont les mœurs paraissent avoir quelques rapports avec les nôtres. J'éprouve d'autant plus
d'empressement à vous faire connaître ce duel qu'il a
lieu absolument dans les mêmes circonstances, pour

les mêmes causes, et entre personnes de la classe où il a commencé parmi nous. Voici donc comment le voyageur français nous raconte les résultats que produisent au Japon ces petits riens, ces invisibles atômes, qui, chaque jour, amènent sur la terre française les plus déplorables catastrophes :

« Dès les plus tendres années, on accoutume ici
» les enfans à des principes d'honneur qui, quelquefois
» dans un âge plus avancé, ne les portent pas à des ac-
» tions moins extraordinaires. Deux gentilshommes se
» sont trouvés sur un escalier du palais impérial. Leurs
» épées se frottèrent l'une contre l'autre. Celui qui des-
» cendait s'offensa de cet accident; l'autre, s'excusa en
» prétendant que c'était l'effet du hasard; il ajouta qu'a-
» près tout le malheur n'était pas grand, que ce n'é-
» tait que des épées qui s'étaient rencontrées, et que
» l'une valait bien l'autre. Je vais, reprit le premier,
» vous en faire voir la différence. Vous croyez, ma-
» dame, qu'ils vont se battre comme aurait fait deux
» Français; vous vous trompez, l'on ne se bat pas au
» Japon; il est une autre façon de montrer sa bra-
» voure, et c'est ce que fit celui qui se crut offensé :
» sur-le-champ, il tira son poignard et s'en ouvrit le
» ventre; le second monte en diligence pour servir sur
» la table de l'empereur un plat qu'il tenait à la main,
» revient ensuite, et trouvant son adversaire qui ex-
» pirait, il lui dit : Je vous aurais prévenu si je n'eusse
» été occupé du service du prince, mais je vous suivrai
» de près, et ferai voir que mon épée vaut bien la vô-

» tre. (*Voyageur français*, vol. 6, pag. 201.) » Les faits de cette espèce sont confirmés par tous les auteurs qui ont écrit sur le Japon.

Ainsi, l'honneur japonais veut que le gentilhomme, dont l'imagination croit avoir reçu la plus petite des offenses, s'ouvre le ventre à l'instant même, sous les yeux de son adversaire, et que celui-ci en fasse autant.

Maintenant, croyez-vous de bonne foi que cet honneur japonnais, dont nous venons de vous faire connaître la toute puissance, soit aussi ancien que ce peuple ? Croyez-vous qu'il est inhérent à son climat, à son sol ? Croyez-vous enfin qu'il est impossible de le détruire sans bouleverser sa constitution ? Non, vous ne le croyez pas, et vous ne manquerez pas de dire avec nous.... ces mœurs japonaises sont les fruits d'une éducation donnée au rebours de la nature, et l'effet d'un aveugle despotisme ; elles sont le résultat des maximes d'une religion qui donne des notions fausses, tant sur la Divinité que sur l'Homme, etc., etc. Mais cet état de choses qui finira avec le temps, comme tout ce qui vient de l'homme, cessera au Japon, dès l'instant où le prince y fera enseigner le droit de la nature et des gens, la distinction de ce qui est licite ou illicite, et enfin ce que l'être moral doit à Dieu, aux autres et à lui-même, etc., etc.; telle sera la réponse de tout homme sensé qui aura réfléchi sur le passage que nous venons de mettre sous vos yeux ; et comme la vérité est une,

invariable, la même pour tous les peuples, les plus civilisés comme pour ceux qui le sont le moins, il prononcera sur le duel français le même jugement qu'il
aura porté sur celui du Japon (1).

(1) Tous les voyageurs européens nous donnent le peuple
japonais comme le plus civilisé de l'Asie, et en effet toutes les
relations s'accordent à nous dire qu'il cultive les arts avec succès, qu'il est très-spirituel et très-poli, etc. Voilà sans doute
un beau vernis, mais quel homme sensé et de bonne foi pourra
dire qu'il y a de la civilisation dans un pays où l'honneur national commande les folies et les extravagances, dont l'on vient
de donner un échantillon? Comment appeler civilisé un peuple
que sa religion excite, et encourage au suicide comme à l'acte le
plus méritoire et le plus digne d'être imité, ou des fautes que
les yeux ne peuvent apercevoir (lisez l'histoire à cet égard), son t
punis, non de la peine capitale, mais d'une mort donnée après
les plus horribles et les plus longs tourmens, où des familles en-
tières sont exterminées pour le délit imaginaire d'un de leurs
membres, ou enfin il n'y a nulle idée de la dignité de l'homme,
nulle de ce qui est juste ou injuste, etc., etc. Ainsi quels que soient
l'esprit et la politesse d'un tel peuple, quels ques soient ses progrès et ses chefs-d'œuvre dans tous les arts, sa situation n'en
est pas moins déplorable. Quant à moi, je ne vois au Japon
qu'une excessive population d'un côté, et de l'autre un chef stupide, dont toute la politique consiste à saisir tous les moyens
que lui fournissent à chaque instant et de faux principes et de
fausses lois, pour décimer en détail, jour par jour, une population devant laquelle il est saisi d'une terreur panique, et d'un
tremblement continuel. Certes, il y a sous le soleil des bonnes
terres non cultivées, et une colonie pourvue de bons statuts,
dirigée par un hommes age, changerait infailliblement un tel état
de société mille fois au-dessous de celui des sauvages les plus
incultes; mais au surplus, quelle que soit mon opinion person-

L'on me dira sans doute qu'il y a ici une exagération palpable, que le choc fortuit de deux fers encore innocens, qui amène sur-le-champ le spectacle de deux suicides réunis, ne doit pas se comparer aux causes qui produisent en France le plus grand nombre des

nelle sur cet article important, voyons ce qu'en pense un savant laborieux qui a étudié, avec une attention toute particulière, le caractère du peuple japonais, digne à tous égards, d'un meilleur sort..... « La civilisation des Japonais, dit M. Malte-» Brun, paraît stationnaire comme celle de la Chine, mais des » germes de perfectibilité laissent au Japon la perspective d'une » révolution morale ; un caractère plus mâle, un plus haut de-» gré de liberté politique, rapprochent plus des Européens le » brave et intelligent Japonais. »

Rien n'est plus vrai que ce jugement, car il est motivé sur des faits et sur des événemens extraordinaires arrivés au Japon, depuis que les Européens en ont fait la découverte, et qui l'ont placé dans une position où jamais peuple du monde ne s'est trouvé. Depuis cette époque (qui est l'an 1550), la religion chrétienne avait fait dans ce pays, durant un siècle entier, les plus belles conquêtes, et cela jusque dans la classe des grands et des lettrés ; mais le siècle suivant vint tout-à-coup détruire cette riche moisson qui en promettait de plus riches encore.

Le vieux despotisme du pays alarmé des progrès d'une révolution qui allait le renverser pour jamais, jura d'exterminer le nom chrétien ; et dès ce moment, une église naissante, la plus belle qui ait été vue sur la terre depuis le règne du Christ, devint l'objet d'une persécution telle qu'il n'en fut jamais, mais comme toute persécution de sa nature agit contre elle-même, il y a au Japon un très-grand nombre de chrétiens cachés, lesquels n'en font pas moins trembler le despotisme, dont la rage

6

duels, d'où l'on concluera qu'il y a injustice de ma part, etc. Pour moi, je suis persuadé, au contraire, que l'injustice est dans le reproche que l'on m'adresse en ce moment; en effet, combien la rencontre de deux coudes français, tout aussi innocens que les épées des

depuis deux siècles, renchérit chaque jour sur les moyens les plus bas comme les plus odieux.

Il n'est donc pas étonnant que nos voyageurs aient trouvé chez le peuple japonais des germes de perfectibilité qui le rapprochent de l'Européen, et leur présentent la perspective d'une révolution morale.

Ces germes de perfectibilité ne sont évidemment que les impressions ineffaçables faites par l'Évangile pendant un siècle, et transmis d'âge en âge par la tradition; Evangile qui lui-même n'est que le développement et la sanction de ce qui est déjà enseigné par l'étude du droit naturel.

Voulez-vous voir la démonstration de cette dernière vérité, lisez la conclusion des *Principes de Burlamaqui*, où ce professeur fait ressortir, de la manière la plus sensible, l'accord parfait qui existe entre le droit naturel et la loi révélée; voyez aussi, en me permettant de me citer moi-même, mon ouvrage, intitulé: *Principes de droit naturel appliqués à l'ordre social*, imprimé à Paris, en 1805, et notamment la conférence troisième du second livre, où j'ai démontré, 1° que les idées, Dieu, Homme, Révélation, sont entr'elles des corrélatifs nécessaires et inséparables;

2° Rappelez-vous que si nous partons du principe que l'homme est un être libre et moral, nous sommes forcés d'en conclure l'existence d'une autorité supérieure, à laquelle il est nécessairement comptable de l'usage qu'il fait de cette liberté;

3° Enfin, que si nous rejettons ces conséquences, il nous faut aussi rejeter leur principe.

deux seigneurs japonais, n'a-t-elle pas amené, et n'a-mène-t-elle pas tous les jours de scènes dignes d'être comparées à celles du Japon. Le nombre en est vraiment incalculable.

Je conviendrai néanmoins que si les causes qui amènent ces événemens, sont aussi puériles aussi ridicules chez l'un de ces deux peuples que chez l'autre, leurs effets ne sont pas encore entièrement semblables; ces effets, au moins pour aujourd'hui, se bornent en France à une seule victime, ainsi la différence dans le résultat est de *moitié*; mais toutefois, en faisant cet aveu, sachons connaître, et nos avantages et nos espérances; ne pouvons-nous déjà pas assurer que notre duel nouveau, rivalise merveilleusement avec celui du Japon, et qui pourrait ne pas le penser ainsi de cette espèce de duel, où les deux acteurs armés d'une charge égale et pesée dans la balance la plus scrupuleuse, tirent ensemble l'un sur l'autre, et à bout-portant, au signal convenu, afin que chacun des deux soit pleinement satisfait du même coup. N'est-ce pas là s'élever de bien près à la sublimité de l'honneur japonais?

Il est vrai que celui-ci, pour expédier le procès plus vîte, condamne sans rémission les deux champions à s'ouvrir le ventre en présence l'un de l'autre, et qu'en France les pistolets laissent encore un rayon d'espoir; mais l'on conviendra que dans ce moment critique, il faut que nos duellistes comptent infiniment, sur la protection spéciale du concours fortuit des atômes, car les deux pistolets français peuvent donner (et cela beaucoup plus promptement'] les mêmes résultats que les poignards japonais, le salpêtre devant l'emporter sur l'acier de la meilleur trempe.

Les développemens qui font l'objet du chapitre précédent, m'ont paru propres à l'instruction; ils nous apprennent que chez tous les peuples, même au sein des beaux-arts et des mœurs les plus polies, il y a des préjugés plus ou moins funestes, comme par toute terre, à côté des plantes salutaires, croissent les poisons, mais ils démontrent aussi que chez tous les peuples, la science de la législation consiste à les extirper sans cesse, à les prévenir, à en réprimer les effets, et que sans ce travail constant et journalier, les préjugés deviendront bientôt plus forts que les lois, lesquelles néanmoins peuvent en tout temps reprendre leur empire et leur force; j'ai donc lieu d'espérer que ces développemens (auxquels une main plus savante pourra beaucoup ajouter) ne seront pas trouvés être hors de propos, mais quelque utiles, quelque instructifs qu'ils soient, je m'empresse de placer ici une observation de la plus haute importance, et sur laquelle je ne puis trop insister...., c'est qu'il ne suffit pas d'écrire ou d'imprimer contre le duel, on ne lit pas ces sortes d'ouvrages; à la vue de leur titre, on prononce qu'ils ne sont que des répétitions, ou des rêveries impossibles à réaliser. Le seul moyen (et il est infaillible) de détruire un préjugé, ou de résoudre une question que certaines personnes s'obstinent à regarder comme douteuse, c'est de les faire discuter dans les écoles, et d'engager les

partisans des divers systèmes à apporter dans ces discussions tous les argumens qu'ils jugeront les plus con-
venables. Rien ne peut résister, et ne résistera à ces lut-
tes de l'esprit humain, surtout quand elles seront faites
sous la direction de la dialectique de cet art défini par
Cicéron, le juge, l'arbitre du vrai et du faux. *Ars veri
et falsi judex, et disceptatrix.*

S'il est vrai, comme le dit un de nos auteurs modernes ......, *que l'esprit de l'homme est plus pénétrant
que conséquent, et embrasse plus qu'il ne peut
lier* (1). C'est la dialectique seule qui peut le rendre
conséquent, en lui mettant dans la main le fil d'Ariane,
et le conduisant ainsi sans déviation d'un principe à
ses dernières conséquences, et en le ramenant de celles-
ci à celui-là.

Tout autre mode d'instruction, je n'en doute pas,
pourra être plus agréable; mais il sera faible, superficiel, peu sûr, et ne fera point d'impressions durables.

Maintenant, je pense que le préjugé du duel a été
soumis à toute la discussion dont il est susceptible, au
moins dans une dissertation dont les bornes sont naturellement fixées, et je crois l'avoir examiné sous tous
les rapports qui doivent le faire juger; mais cependant
mon ouvrage n'est pas encore fini, j'ai annoncé que je
justifierais les projets que j'ai présentés pour sa répression, et comme ces projets sont fondés sur le serment,

(1) Voyez le livre, intitulé: *Introduction à la connaissance de
l'esprit humain*, page 243.

je vais passer à l'examen de cet article fondamental, dont l'on peut dire que si nous avons conservé le nom, la chose est devenue étrangère à nos mœurs.

Du Serment.

C'EST aux écoles de droit à rendre au serment le rang qui lui appartient dans l'ordre des choses morales ; car s'il arrivait que cette restitution ne se fît pas, la chaîne du *rectum naturæ* serait rompue (1). En effet selon ce droit, les princes de la terre ne sont que les représentans d'une puissance supérieure à laquelle ils sont comptables de l'emploi qu'ils font de leur pouvoir ; or une première conséquence de ce principe, c'est que les

(1) L'état actuel de notre jeunesse n'a pas échappé à un prince qui connait toute l'importance de l'éducation ; Sa Majesté est bien convaincue que notre système d'enseignement public, négligé ou superficiel depuis long-temps, était bien loin de ce qu'il doit être dans les circonstances présentes ; elle sait que plus un peuple est libre, plus il a besoin d'une solide instruction pour l'exercice de cette même liberté ; en conséquence, elle s'est décidée depuis trois ans, à créer dans la capitale, deux chaires de droit naturel, dont l'étude précédera celle du droit civil. Chacun voit sans doute ce que notre monarque s'est proposé dans cet établissement.

Son premier objet a été de réunir par l'intérêt d'une discussion franche et impartiale, sur les matières les plus importantes, les jeunes Français qui sont destinés, soit à la magistrature, soit aux hautes carrières de la société, et ceux-là surtout qui peuvent un jour être appelés à la représentation nationale. Le second, est d'offrir aux étrangers qui, de toutes les parties du monde, ne cessent d'affluer dans notre capitale, l'avantage de

hommes ne doivent gouverner les autres hommes, qu'au nom de celui qu'ils représentent, et qu'ils peuvent dans certains cas, pour obtenir une garantie plus forte de l'obéissance qui leur est due, dire à un de leurs sujets... Vous jurez au nom de Dieu de m'être fidèle, de n'avoir aucune correspondance avec mes ennemis, etc. De-là cet acte appelé serment dans notre langue, lequel n'est pas une simple promesse d'homme à homme, mais un engagement contracté en présence de la divinité elle même. Quelques individus pourront, comme il y en a eu dans tous les temps, se moquer de cet engagement, mais quoi qu'ils fassent, il sera un objet sacré chez tous les peuples, parce qu'il est impossible d'en supposer un qui

leçons qui intéressent les hommes nés sous tous les climats. Sa Majesté, j'ose le croire, a la consolation de voir ses vœux remplis, sous le double rapport qu'elle s'est proposé. En effet, j'ai vu dans une salle de la Sorbonne six cents élèves au cours de droit naturel, j'en ai conclu, ce dont j'étais déjà bien assuré, que cette science aura toujours infiniment d'attraits, pour une jeunesse qui, libre encore des préjugés, et curieuse d'acquérir une instruction solide, n'a besoin que d'être mise en garde contre les piéges des sophistes; j'en conclus, en second lieu, que le bienfait des chaires de droit naturel doit être accordé à toutes les grandes villes du royaume, parce que cette science n'est pas seulement nécessaire à ceux qui se destinent à devenir jurisconsultes (l'étude du droit positif ramène de toute nécessité à celui du droit naturel), mais plus encore à ceux qui embrassent les autres professions. Sans droit naturel, il n'y a ni droit des gens, ni droit public, ni par conséquent d'homme vraiment fort dans aucun genre. Cette science, sous un gouvernement représentatif, sera aussi par sa nature le véritable modérateur de la liberté de la presse.

n'ait pas, ou la croyance explicite, ou le sentiment de la divinité.

Les législateurs de la plus haute antiquité ont tous reconnu que le serment était le lien le plus fort avec lequel des êtres libres pussent être contenus dans le devoir, ce qui fait dire à Cicéron dans ses tusculanes liv. 3, *Nullum vinculum ad stringendam fidem jurejurando majores nostri arctius esse voluerunt.*

L'histoire est remplie de faits qui justifient la force de cette obligation. Tite-Live nous assure que le serment fut le fondement principal de la grandeur romaine. Qu'il sauva plusieurs fois la république des plus grands dangers, et, selon cette magnifique image du président Montesquieu, Rome était un vaisseau tenu dans la tempête entre deux ancres, la religion et les mœurs. Le christianisme qui vint ensuite, sanctionna les maximes du droit naturel, et déclara en conséquence de l'art. 2 du décalogue que la violation du serment était un des plus grands crimes. Ces principes posés, si l'ignorance des temps, ou l'incurie des législateurs a laissé s'introduire dans une nation un usage contre nature et évidemment funeste aux familles, autant qu'à la patrie, et si jusqu'à présent les loix toutes seules n'ont pu détruire un tel usage, à cause du vieux préjugé qui le maintient, pourquoi le législateur, sans préjudice à l'action des lois positives, n'imposerait-il pas aux hommes qu'il employe dans ses armées, ou près de sa personne, ou dans les autres parties de son gouvernement, pourquoi disons nous, le législateur n'imposerait-il pas à tous ces hommes qui, à raison de leurs fonctions doivent l'exemple aux autres, l'obligation de jurer sur la foi du serment, qu'ils renoncent pour jamais à l'usage absurde et pernicieux dont nous demandons l'abolition. Pourquoi enfin une ordonnance royale n'obligerait-elle pas tous les chefs de la force armée, et tous ceux qui ont une portion de commandement, à jurer d'une manière publique et solennelle que dorénavant, ils n'appelleront plus en duel, ne répondront plus à la provocation qui pourra leur en être faite, et empêcheront autant qu'il sera en leur pouvoir tous ceux qu'ils verront se préparer.

Je ne sais, mais les mesures que je propose me donnent une confiance que je ne saurais exprimer. Et plus j'y réfléchis, plus leur vertu s'augmente à mes yeux. Elles sont non-seulement dans le cœur humain et la nature des choses morales, mais elles se trouvent en outre en parfaite harmonie avec la franchise et la loyauté qui caractérisent notre nation; enfin, rien de plus simple que leur exécution : ce sera l'honneur vrai qui triomphera une première fois de l'honneur faux; ce seront les mœurs qui corrigeront les mœurs.

Je suis intimement convaincu que si les chefs de nos armées prêtent le serment que je demande; il le sera sans la moindre difficulté, par tous ceux qui viennent après eux, et ensuite par tous les autres fonctionnaires de l'état. Il n'est personne qui ne partagera ma conviction, personne qui ne connaisse la force de l'exemple des supérieurs sur les subalternes, et surtout lorsque ceux ci sont placés dans la dépendance la plus sé-

vère à l'égard de ceux-là, *Non ad rationem*, dit Sénèque,
sed ad similitudinem vivimus. Ainsi, dès que nos chefs
militaires, qui sont les magistrats des armées, réprime-
ront le duel, ou se mettront en devoir de l'empêcher,
il cessera de lui-même parmi les soldats, et par un second résultat, il sera bientôt oublié dans les autres classes de la société.

C'est par ces motifs que mon projet n'oblige au serment que les officiers, par la raison que celui qui serait prêté par les soldats serait illusoire, si les premiers
n'en ont pas donné l'exemple, et c'est aussi pourquoi,
selon le même projet, en cas de transgression, les peines des uns, seront bien différentes de celles des autres.

Par suite de ces motifs, j'aurais pu me dispenser
de faire mon second projet de loi, relatif aux autres
classes, parce que dans une nation guerrière, le civil, nonobstant le *cedant arma togæ*, sera toujours
l'imitateur du militaire; mais la rareté, quoique jus-
tement présumée, d'un crime n'est pas un motif qui
puisse dispenser le législateur de le prévenir, et l'empêcher par une loi spécialement rendue contre ceux
dont l'éducation et les habitudes diffèrent nécessairement de celles des militaires, et cette considération
m'a décidé.

Je suis ainsi convaincu que mes projets, convertis
en lois, couperont le mal dans sa source, et je le ré-
pète, ma confiance est telle à cet égard que je ne pré-
vois aucune objection raisonnable qui puisse m'être

faite. Personne au monde n'osera sans doute imaginer qu'un homme, dont l'éducation aura été soignée, prononcera des lèvres le serment exigé de lui, et ne s'en battra pas moins en duel, dès que l'occasion s'en présentera. Je répondrais à ce langage, s'il pouvait jamais frapper mon oreille, que son auteur n'a pas la moindre idée de nature humaine, ni de notre caractère national. Oui, sans doute, le Français que tout a rendu sensible, suivra le fantôme du faux honneur et l'exemple qui lui en sera donné, soit par ses chefs, soit par ses compagnons, mais il ne suivra ce fantôme et cet exemple que jusqu'au point, où ils ne feront pas de lui un parjure public, et ne le rendront pas criminel à ses propres yeux; l'image du serment prêté sous les drapeaux de l'honneur, et inscrit sur des registres, viendra remplir son ame, et jamais dans une telle situation il ne franchira la ligne qui le met encore en-deçà du crime. Et comment pourrions-nous concevoir quelque crainte à cet égard ? Comment supposer qu'un Français, au XIXe siècle, sera au-dessous du soldat romain, lequel, dit Montesquieu, fit pour être fidèle à son serment, ce qu'il n'eût jamais fait pour la gloire, ni pour la patrie. — Oui, cette supposition est impossible; s'il en était autrement, il faudrait dire aujourd'hui que le cri de la conscience, pour le soldat romain, n'était que sottise ou superstition, que l'homme des temps modernes est devenu étranger au premier acte de l'être moral, dès l'instant qu'il est rangé sous les drapeaux de son pays; il faudrait dire, qu'il peut refuser d'obéir aux lois de la patrie, se couvrir d'une horrible prévarication, et cela pourquoi ? pour un serment exigé par son souverain, pour un serment d'ordre commandé par la discipline militaire. Grand dieu! triple et quadruple calomnie, non-seulement contre la nation française, mais contre toute l'espèce humaine ! Mais puisque nous en sommes sur le chapitre de l'exemple (si digne des méditations de tout homme d'état), pourrions-nous oublier celui que déjà, depuis plusieurs années, nous donnent du point le plus élevé de la France, les personnages revêtus du caractère le plus sacré ; n'est-il pas vrai qu'après quelques explosions d'armes à feu, échangées du midi au nord, du nord au midi, et que le dieu des vents recueillit aussitôt dans son sein ; n'est-il pas vrai, disons nous, qu'au jugement unanime des témoins de cet échange terrible, tout combat ultérieur fut jugé inutile, et les illustres combattans déclarés être beaucoup plus invulnérables entr'eux que ne le fut jadis Achille lui-même. Ne voilà-t-il pas des faits que l'on doit faire connaître à tous les duellistes des seconde et troisième classe, et surtout à ceux qui obéissent encore au duel gothique de l'arme blanche. Ces grands exemples, déjà multipliés parmi nous, leur apprendront que l'idole avide et insatiable du plus pur sang de la France, commence à se prêter à quelques accommodemens ; et en même temps, ils justifieront d'avance celui que d'après notre projet, le législateur chargera nos chefs militaires de donner à leurs subordonnés.

Cependant ce n'est pas encore assez, et si nous en restons là, notre législation sera loin d'être complète.

Le serment, dont nous venons de retracer les merveilleux effets, chez les hommes auxquels l'on n'aura
pas appris à en faire un jeu, le serment qui n'est point
synonyme de la simple promesse faite à un homme
par un autre homme, et moins encore de cette vaine
parole d'honneur qui se trouve machinalement sur toutes
les lèvres ; ce serment, disons-nous , en rappelle un autre : il veut que le prince de son côté déclare solennellement à une nation libre , qu'il ne fera grâce à aucun
duelliste condamné, quel que puisse être son nom, quels
que soient ses titres personnels , ou ceux de sa famille.

Cette déclaration sera le dernier coup de massue
pour le duel, et le regard de la Gorgone pour le duel-
lomane le plus furieux. C'est ce que vont démontrer
quelques réflexions.

Sur le droit de grâce.

Ce droit a été attribué à toutes les monarchies for-
mées sur le type de la souveraineté parfaite, dont les
miséricordes surpassent infiniment la justice.

Il est pour le monarque une source féconde des plus
douces consolations, en le mettant à même de tendre
une main secourable à l'être moral, qui ayant fait une
faute, donne l'espoir de la réparer. Il est palpable,
d'après cette définition, que l'exercice d'une faculté
qui placera le prince au-dessus des lois, ne peut avoir
lieu que dans des circonstances extrêmement rares, et

en aucun cas possible, lorsqu'il s'agit d'un usage criminel, autorisé depuis long-temps par la mode du pays.

En effet, si dans cette dernière espèce, le monarque remet une première fois la peine prononcée par la justice, il reconnaît par cela seul, l'empire du préjugé, et déchirant lui-même son propre ouvrage, il se met dans la nécessité d'accueillir toutes les suppliques de la même nature, et dont le nombre n'aura plus de fin. S'il agissait autrement, l'on ne manquerait pas de l'accuser d'injustice, on dirait qu'il gouverne avec deux poids et deux mesures, discours qui ne doivent jamais être regardés comme indifférens pour la majesté du trône, et auxquels on doit soigneusement éviter de fournir jusqu'à l'ombre du prétexte; hé bien, telle fut précisément la situation où se trouvèrent ceux de nos rois qui furent destinés à rendre les premières lois contre le duel. Dès qu'ils eurent pardonné une première fois, ils virent clairement qu'ils ne pouvaient se dispenser d'en agir de même à l'égard de tous les duellistes qui, entraînés par la violence du préjugé, viendraient implorer leur clémence, aussi le nombre des duels qui eurent lieu sous leurs règnes, est au-dessus de toute expression, il a été comparé à celui des feuilles dont les vents d'automne dépouillent les arbres de nos forêts.

Telles furent les suites que dût naturellement avoir une première lettre de grâce. Cette concession obligea Henri IV et Louis XIII à adopter en faveur de tous les duellistes, un système général, dont l'application

dût rencontrer fort peu d'exception ; et si sous cette période, qui est d'environ un demi-siècle ; l'on voit quelques duellistes punis par les tribunaux, ils sont en très-
petit nombre : c'étaient des hommes moins entraînés
par la tyrannie de la mode, que par une passion personnelle (1). Il est vrai qu'après la mort de Louis XIII,
le conseil de la mère régente s'empressa de remédier
à tant de maux ; et qu'il fit pour cet effet rendre l'édit
de juin 1643, où le trône, pour lefait de duel, renonce
à l'exercice de son droit de faire grâce, déclarant nul-
les, obreptices et subreptices, toutes celles qui pourraient être surprises, mais laissant toujours subsister les
peines portées par les lois précédentes, et même y ajoutant. Quels furent les résultats de cette mesure ? Les
voici :

L'édit de 1643, soutenu de la fermeté personnelle
de Louis XIV, répandit la terreur la plus salutaire dans
les esprits. Le duel, fortement comprimé devint très-

(1) L'on a beaucoup reproché au cardinal de Richelieu sa
conduite envers Boutteville et Lacapelle, mais il ne paraît
pas que ce reproche ait été fondé.

Loin d'être entraînés par la tyrannie du préjugé, le duel était
devenu pour ces deux gentilshommes une passion dominante ;
ils arrêtaient sur les places des hommes qu'ils ne connaissaient
pas, pour les provoquer ; et comme ils étaient supérieurs, dans
l'art de l'escrime, ils avaient acquis une grande célébrité par le
nombre de ceux qu'ils avaient tués.

Ce n'était plus là des victimes du préjugé, le système général de grâce ne pouvait leur être appliqué.

rare, et l'on ne vit plus de lettres de grâce; mais cependant l'on ne sortit d'un écueil que pour aller tomber dans un autre plus funeste que le premier. Cet écueil fut long-temps sans être aperçu, parce que l'on ne connaissait pas alors, où du moins l'on ne faisait pas assez d'attention, à l'influence redoutable de ce mobile qui depuis a été appelé opinion publique.

Il était cependant bien naturel de prévoir qu'une nation, à qui déjà un siècle auparavant le combat judiciaire avait fait horreur, ne se ferait pas, un siècle plus tard, au spectacle du bourreau, pour une action coupable il est vrai, mais que la mode avait laissé pénétrer dans nos mœurs. Il dût donc arriver, et il arriva en effet, que les magistrats chargés du ministère public, reculant devant la rigueur de leurs fonctions, ne poursuivirent plus les duels, excepté toutefois ceux où se trouvaient des préventions de meurtre ou d'assassinat, espèces qui (ce que l'on ne voit pas parce que l'on ne veut pas ouvrir les yeux), espèces, répétons-le, qui forment la presque totalité des duels, mais dont les procédures extrêmement difficiles, ainsi que nous le montre l'expérience de chaque jour, ne conduisent qu'à des résultats nuls ou très-équivoques. Voilà comme sous Louis XIV lui-même (et cela par une cause absolument contraire), l'on put voir des duels impunis, et voilà aussi pourquoi les déclarations solennelles de nos rois, quoique répétées à leurs sacres depuis Louis XIV, devinrent sans objet. Il est palpable que dès le moment où l'on ne fit plus de procès aux duellistes, ceux-ci ne furent plus dans le cas de recourir à la miséricorde du souverain, la cause cessant, il n'y eut plus d'effets.

Mais de ce que jusqu'à présent nous n'ayons évité un écueil que pour tomber dans un autre, s'ensuit-il que perdant tout espoir nous devions renoncer pour jamais à l'idée de réprimer le duel; s'ensuit-il que nous devions nous soumettre à lui, comme à une divinité fatale à laquelle il n'y a pas à résister? Non, cette conséquence ne serait qu'une absurdité révoltante, et notre apathie un crime contre l'humanité.

Les législateurs qui jusqu'à présent ont attaqué le duel, ont cru, d'après le parlement de Paris, que des supplices pouvaient détruire un crime protégé par un préjugé, *comme tout autre crime*, et partant de ce principe (qui est une erreur capitale), ils n'ont ni prévu ni calculé toutes les résistances qui devaient à la fois s'élever contre eux, et de la part des hommes et du sein des choses; voilà tout ce qu'il est possible de conclure raisonnablement du mauvais succès qu'ont eu jusqu'à présent les diverses entreprises tentées contre le duel.

La justesse de cette conclusion décisive est démontrée par les faits.

L'excessive sévérité des peines portées par Henri IV et Louis XIII, n'a-t-elle pas mis ces deux monarques dans l'obligation de corriger leurs propres lois, en accordant une *espèce d'amnistie* à la masse des duellistes, et signant pour fait de duel, jusqu'à huit mille lettres de grâce? Et quand par son édit de 1643, Louis XIV

7

eut déclaré que toute lettre en cette matière serait nulle comme obreptice et subreptice, la conduite des magistrats, chargés des poursuites, ne montre-t-elle pas qu'ils refusèrent de remplir leur ministère ?

Ces faits prouvent jusqu'à l'évidence que l'ancienne loi contre les duels n'avait pas été sanctionnée par l'opinion publique, et qu'en général, mais surtout dans les pays libres et civilisés, nulle loi pénale ne sera exécutée tant et si long-temps qu'elle n'aura pas obtenu cette sanction.

Mais ici, je me vois arrêté au milieu de ma discussion : je parle, s'écrient mes adversaires, contre les faits les plus constans, contre la vérité reconnue de l'histoire. Dès sa naissance, le duel a été attaqué par les discours et les écrits des hommes les plus distingués par leurs talens, et malgré tant d'efforts, sans cesse renouvelés pour sa destruction, il n'en a fait que plus grande fortune, depuis son origine. La première classe de notre société, toutes celles dont l'éducation a été cultivée, l'ont adopté, comme un usage digne d'elles, et aujourd'hui leur exemple est généralement suivi par toutes les autres. Certes, voilà bien cette véritable opinion, dont vous regardez la sanction comme nécessaire. Or, il est évident qu'elle désapprouve ou qu'elle dédaigne tout ce qui s'est fait contre le duel, etc.

Je ne sais si ce raisonnement peut en imposer à quelques personnes ; mais bientôt toutes celles qui cherchent la vérité verront qu'il n'est encore qu'un sophisme se présentant sous une forme nouvelle, et ajouté à tous ceux dont nous avons déjà fait justice.

1° Jamais Français ne s'est battu en duel (j'excepte toutefois ces misérables duellomanes, honte de l'espèce humaine, qui sont sûrs de leur *botte secrète*), jamais Français, disons-nous, ne s'est battu en duel, que lorsqu'il s'y est vu forcé par la tyrannie du préjugé; et tout homme qui est esclave d'un pareil fantôme, n'a plus ni volonté, ni liberté; donc, il est contre le bon sens d'avancer que le peuple Français a adopté librement la mode du duel, il est souverainement absurde de prendre pour liberté de l'âme, une situation de malheur extrême, un état de passion, d'ivresse ou de désespoir;

2° Si ces deux mots, *opinion publique,* sont susceptibles d'un sens que la raison puisse avouer, que présentent-ils à notre esprit? ils ne lui peuvent présenter que l'idée d'une puissance essentiellement morale, sans moyen co-actif, qui dirige tous les êtres libres, et ceux-là principalement qui sont chargés de conduire les autres. Cette puissance existe dans toute société composée d'être moraux, et ceux-ci, pour exprimer l'excellence de sa nature, n'ont pu lui donner un nom plus digne d'elle, qu'en l'appelant *la reine du monde*. Voilà ce que nous devons entendre par opinion publique, et il est contre toute raison que nous puissions entendre autre chose; or, il est évident qu'une telle puissance ne peut s'exercer que par des hommes éclairés et pénétrés des principes du droit naturel, quelque petit d'ailleurs qu'en soit le nombre. Ainsi l'opinion publique ne peut se trouver dans ce que nous appelons la *première classe*, les *premières classes* de la société, et moins encore dans la *généralité d'un peuple*. En effet, que présentent à notre esprit ces dénominations diverses? Ne lui présentent-elles que des hommes éclairés, impartiaux, capables de juger les actions humaines. Non, loin de là, ces dénominations ne nous montrent que des agrégations hétérogènes, dont toutes les parties diffèrent essentiellement entr'elles, tant au moral qu'au physique. Hé bien! n'est-il pas évident à tous les yeux qu'une telle agrégation ne peut former ce que nous appelons *la reine du monde*; autrement, ce serait une reine à la façon du roi Saturne, qui s'amuse à dévorer ses propres enfans; et, en effet, telle est la nature de cette opinion publique que l'on vient d'opposer à celle dont nous venons de donner la définition, de celle qui veut conserver le duel. C'est effectivement une reine qui, depuis plus de deux siècles, dévore chaque jour un grand nombre de ses enfans.

Oui, dans tous les temps, comme nous l'avons déjà fait observer, les hommes les plus respectables ont écrit contre le duel, et avec beaucoup d'énergie; mais il paraît qu'à aucune époque, les moralistes et les jurisconsultes réunis n'ont élevé leur voix comme ils le font aujourd'hui. Depuis douze ans plusieurs de nos cours royales, malgré que leurs arrêts n'aient pas été confirmés, persistent à mettre les duellistes en état d'accusation;

comme prévenus de crime prévu par le Code pénal, et toutes les autres, malgré la divergeance de leur opinion sur le sens de ce Code, se réunissent aux premières pour demander une prompte mesure contre le duel. La France a donc entendu la manifestation de cette puissance toute spirituelle, dont l'ascendant ne peut être contestée par l'homme de bonne foi.

Si tous les parlemens de France, il y a cent, il y a cinquante ans, eussent demandé au trône la réforme d'un abus national, qui eût ôsé dire que ces compagnies de magistrats, placées sur divers points du royaume, n'étaient point les organes de l'opinion publique ? personne ne le dira davantage aujourd'hui des cours et des tribunaux qui les ont remplacés (1).

Maintenant se présente une dernière question ; est-il certain que l'opinion publique approuvera les mesures proposées dans cet écrit ?

Il ne m'appartient pas ici de répondre, mais pour que tout lecteur soit à même de fournir la réponse demandée, je vais lui retracer en peu de mots, l'ensemble de mon système, afin qu'il puisse d'un coup d'œil, le comparer soit à l'ancienne législation, soit à toute autre qui pourra lui être proposée.

(1) Tout le monde parle d'opinion publique ; mais peu de personnes ont des notions claires et précises sur ce grand mobile, extrêmement curieux, et digne d'être enseigné dans les écoles. Voyez à cet égard ce que j'en ai dit dans mon livre, intitulé : *Principes de droit naturel.*

1° Mon objet principal est de prévenir le duel autant que la chose est humainement possible, et le vrai moyen d'arriver à ce but, sera l'étude approfondie du droit naturel dont l'enseignement doit faire la base de toute éducation, sans excepter celle qui sera donnée dans les écoles militaires; l'on sait à ce dernier égard (si l'on me permet une pareille citation), que **Gustave-Adolphe**, qui, durant une guerre de trente ans, a su mériter l'estime de ses ennemis, consultait tous les jours le traité du Grotius *de jure pacis et belli*.

Ceux qui nient l'existence du droit naturel trouveront sans doute que son étude est fort inutile, mais comme leur nombre sera toujours extrêmement circonscrit, et qu'ils ne colporteront jamais leurs aphorismes que sous le manteau, ils ne peuvent nous inspirer une grande inquiétude.

Quant à ceux qui admettent des principes antérieurs aux lois humaines, ils reconnaîtront avec nous, s'ils ne veulent pas tomber dans une inconséquence vraiment inexcusable, que dans tous les temps, mais surtout après une révolution comme la nôtre, l'enseignement que nous demandons est devenu d'une nécessité indispensable.

2° Sous les anciennes lois, nos magistrats ne s'occupaient des affaires de duels qu'avec une répugnance infinie; ils sentaient qu'elles n'étaient pas approuvées par l'opinion publique : dans celles que nous proposons, ils auront un autre sentiment, ils verront qu'ils travaillent plus pour prévenir et empêcher le mal, que pour le punir, et chacun d'eux s'empressera de faire son devoir.

3° Enfin, nul recours en grace de la part des duellistes ne sera admissible, par conséquent, les jugemens ne pourront plus éprouver ni retard, ni entrave.

Tels sont les effets palpables des mesures que je propose ; certes, elles n'ont rien de ce que l'on pourrait appeler de l'utopie, chacun voit qu'elles sont d'une exécution extrêmement facile. L'on ne dira pas non plus qu'elles seront trop faibles, tout esprit droit reconnaîtra qu'il n'existe sur la terre ni usage national, ni préjugé, ni mœurs anciennes qui puissent résister au traitement quotidien que nous réservons au duel. J'ose donc espérer que l'opinion publique ne désapprouvera ni nos intentions, ni nos projets.

J'ai dit plus haut, en commençant mon dernier article, qu'une grace, oui, une seule grace, ruinerait mon système de fond en comble, d'où j'ai conclu l'indispensable nécessité d'une loi où il sera déclaré par le trône, qu'il renonce (sur le fait de duel), à l'exercice de sa faculté.

J'étais intimement persuadé qu'une théorie aussi simple, si clairement justifiée par les résultats, de la théorie contraire ne pourrait trouver un seul contradicteur, mais je m'abusais singulièrement. L'on fait contre cet article de mon projet (qui est cependant le boulevard de tout l'ouvrage), des observations auxquelles je ne devais pas m'attendre, et qui, j'en suis persuadé, appartiennent toujours à l'esprit de sophisme que je n'ai cessé de combattre. Cependant comme elles pourraient encore séduire quelques personnes, celles-là surtout qui, remplies d'indifférence sur toutes choses, veulent qu'on laisse aller le monde comme il va, j'aurais cru ne pas remplir ma tâche, ou manquer à mon devoir, si je ne rendais compte de ces mêmes observations : ce sera pour chacun de mes lecteurs le moyen de les estimer à leur juste valeur, et pour moi, celui de montrer que j'ai cherché à ne rien négliger pour donner à ma dissertation tout le développement qui était en mon pouvoir.

Observations sur la renonciation que Sa Majesté sera suppliée de faire au droit de grâce en matière de duel seulement.

Les peines, me dit-on, que mon projet réserve aux duellistes, sont tellement modérées, tellement légères, que déjà dans la réalité elles sont de véritables grâces, relativement au délit ou au crime qui sera commis par eux, jamais dans un tel état de choses aucun des condamnés n'aura l'idée de recourir à la clémence royale (ce serait une sorte de folie), d'ailleurs, toute pétition à cet égard ne manquera pas d'être rejetée sur la simple étiquette; or, si tel est le cours naturel des choses, (et je ne puis raisonnablement en douter), la déclaration que je juge si nécessaire sera sans objet, et deviendra, dans mon propre système, un rouage absolument inutile. Il y a plus, outre que cette déclaration sera inutile,

et inconvenante en soi, elle deviendra encore une
mesure fausse et dangereuse en politique, car il se peut
rencontrer un jour ou un autre des conjectures, tellement impérieuses, que dans l'intérêt même de l'état, le
monarque ne puisse se dispenser de faire grace à tel ou
à tel duelliste, etc., etc.

Voilà les observations doucereuses que l'on fait
contre les maximes les plus claires et les faits les plus
certains, mais il est évident qu'elles recèlent un piége,
dont nous ne pouvons assez nous garantir et c'est ce
qu'il sera très-facile de vous démontrer.

Oui sans doute, les peines fixées et graduées par
mon projet, seront déjà de véritables graces accordées
par la loi relativement au crime à atteindre. Elles ont
été ainsi combinées à dessein, pour que les duellistes
se voyant réprimés avec une modération toute pater-
nelle, ne songeassent plus à fatiguer les marches du
trône par des sollicitations indiscrètes, et que le prince
de son côté, ne donnât aucune attention aux suppliques de cette espèce, et s'il était vrai que mes combinaisons eussent répondu à mes désirs, j'aurais tout
lieu de me féliciter d'un pareil succès, mais les personnes qui savent combien est susceptible de sa nature,
le caractère de la nation, et observent de près ce
qui se passe au milieu de nous depuis la restauration
de la monarchie, conviendront qu'aujourd'hui, en
France, l'on recourt à la bonté du roi, autant pour de
simples jugemens correctionnels, que pour les condamnations les plus terribles du code pénal. La confiance

qu'inspire un gouvernement paternel et héréditaire, ne connaît pas plus de bornes que son affectation, et ceux qui savent jusqu'où va la susceptibilité française, surtout dans les classes où le génie du duel reçoit le plus d'hommages, seront convaincus avec moi de la nécessité d'une déclaration qui seule peut assurer notre législation, contre les efforts directs ou indirects qui ne manqueront pas d'être faits pour la renverser.

Il est dans ces classes, des personnes aux yeux desquelles une arrestation de douze mois, une surveillance de vingt-quatre, un petit retard dans la carrière, un jugement transcrit sur un régistre public, seront des peines cruelles et insupportables, il ne sera donc sorte de moyens que les familles de ces duellistes n'employeront pour obtenir leur grâce, et quoiqu'une grace soit dans le droit, la confirmation du jugement qui a condamné, cependant la multitude la regarde comme un absolution solennelle, et voilà pourquoi elle sera sollicitée avec cette habileté et cette science, que la pratique seule peut faire connaître. Services des ancêtres, services personnels, une grande et excellente alliance qui va manquer, le désespoir d'une mère qu'un refus va précipiter au tombeau, etc., etc. rien ne sera négligé, et si la source des grâces pour le duel n'est point tarie par une montagne d'airain, il sera difficile de croire que quelques-unes ne puissent jamais s'en échapper, et en vérité, le contraire me semble être au-dessus des forces humaines. Mais si une fois, un duelliste a obtenu son pardon, pourquoi tous les autres qui le demanderont

ensuite, n'obtiendraient-ils pas la leur ? Comment pour-
rait-on le refuser à ceux-ci, lesquels peut-être auront
plus de droit que les premiers. Ces refus seront donc
impossibles, comme ils l'ont été à notre Henry, mais
alors nous serons rejettés au point d'où nous sommes
partis, et notre travail aura été fait en pure perte, mais
alors le génie du duel, persiflant notre excessive modération envers lui, triomphera, et ce triomphe sera le
plus éclatant de tous ceux qu'il aura remportés depuis
son existence, *erunt novissima pejora prioribus.* Tels
sont les résultats infaillibles dont nous serons frappés,
si la mesure qui fait l'objet de mes pressantes sollicitations n'est pas accordée. Telles sont les réflexions que je
confie à la sagesse qui prononcera sur ces grands intérêts.

Quand à la faute prétendue dont on nous fait peur
dans l'objection, ce n'est encore là, qu'une petite jonglerie
dont personne ne sera dupe. Il est impossible qu'une
société, ou un corps politique, ait à souffrir d'un jugement qui condamne un de ses membres, fut-il un des
premiers de l'état, à une correction paternelle, et le bon
sens ne permet pas de supposer qu'un homme (digne
de ce nom), puisse tomber dans l'excès de la faiblesse,
devant les peines graduées par notre projet, loin de là
plus ses ancêtres auront rendu de services, plus lui-même
nous donnera d'espérances, moins nous le verrons les
tromper par une conduite dont l'exemple serait si funeste à son pays.

Où en seraient tous les gouvernemens de ce monde,
si des considérations aussi puériles pouvaient les arrêter

dans leur marche; il faudrait décidément renoncer à toute idée d'ordre et de justice, elles n'arrêteront pas le prince qui nous gouverne, et S. Majesté, qui connaît toute la puissance de l'opinion publique, nous accordera ce que celle-ci demande si instamment, si solennellement.

Ce n'est pas tout (et qu'il me soit permis d'exprimer ici toute ma pensée). Cette déclaration ne sera pas seulement une loi particulière dont le sort puisse être subordonnée aux principes personnels, d'un homme parvenu à un pouvoir passager, ainsi que déjà nous l'avons éprouvé il y a un siècle. Sa Majesté n'oubliera pas la catastrophe arrivée dans nos mœurs, à l'époque dont nous parlons, et en conséquence, elle donnera à la loi le plus haut degré de force et de stabilité, dont l'ouvrage des hommes est susceptible, en ajoutant à la charte un article conçu en ces termes : « Nous dé-
» clarons renoncer pour nous et nos successeurs, sur
» le fait de duel seulement, au droit que nous avons
» de faire grâce ou de commuer les peines. »

N'est-il pas vrai que cet article sera le dernier coup qui écrasera l'hydre? L'on ne manquera pas de me dire que nos trois derniers rois ont fait les mêmes déclarations, et qu'elles n'ont produit aucun effet; oui, je le sais, et j'en ai fait moi-même l'observation plus haut, en montrant que les duellistes n'étant plus ni poursuivis, ni condamnés, les déclarations de nos rois avaient dû naturellement se trouver sans objet. Il y a un intervalle immense entre cette position et la nôtre; elle ne peuvent se comparer. Maintenant, pourra-t-on dire encore que le monstre fantastique auquel la France, tous les vingt-quatre heures, immole au moins vingt de ses enfans, ne peut être réprimé ni modéré, que l'état de nos mœurs et celui de nos circonstances politiques s'y opposent ? Non, personne ne tiendra plus un pareil langage. Le contraire est trop clairement démontré, et celui qui oserait le tenir, mentirait à sa propre conscience ; ainsi, tous ceux qui demandent une loi contre le duel, ont droit d'espérer qu'il va être pris des mesures efficaces pour que leur vœu soit rempli, soit que l'on adopte mon plan d'attaque, soit que tout autre vienne à lui être préféré ; non, jamais leurs espérances ne furent mieux fondées et les circonstances plus favorables ; mais si, contre toute attente, il pouvait arriver qu'elles fussent déçues, et si le machiavélisme qui nous a glacés et rendus insensibles sur tout ce qui est humanité, vient à prévaloir, alors il faudra pour jamais renoncer aux moyens de réprimer le duel, si toutefois il était possible de donner ce nom à celui des armes à feu qui bientôt sera le seul en usage. Il sera certain, dans cette cruelle supposition, que la France ne regarde plus le duel **comme un** préjugé, reste de l'ancienne barbarie de nos pères, dont elle est par habitude la malheureuse victime ; mais il sera vrai, qu'elle l'a adopté en parfaite connaissance de cause, comme un principe de civilisation et de bonheur. Alors, je ne pourrai plus dire, comme je l'avais d'abord pensé, que cette rubrique, imprimée dans tous nos écrits de jurisprudence, *le duel n'est ni crime, ni délit,* est une contre vérité, ou un sarcasme improbateur du silence de notre Code sur notre espèce; non, forcé de tenir un autre langage, je reconnaîtrai que cette même rubrique est une règle du droit français, en opposition avec le droit de tous les peuples de l'Univers. Enfin, si le vœu de tous nos magistrats, demandant une loi spéciale contre le duel, exprimé, répété en tant d'occasions, ne produit absolument aucun effet, le monde entier sera autorisé à dire, qu'au dix-neuvième siècle, à l'apogée de toutes les lumières, la France a déclaré mettre en permanence, non-seulement sur sa génération actuelle, mais sur toutes ses générations à venir, le fléau le plus cruel, qui puisse accabler les hommes, le fléau connu sous le nom de la dixième playe, dont l'Egypte moins malheureuse, fut autrefois momentanément frappée; et alors ce ne sera plus une exagération poétique, quand l'on dira de [nous : *Ætas parentum pejor avis tulit nos mox daturos progeniem vitiosorem.*

FIN.

www.ingramcontent.com/pod-product-compliance
Lightning Source LLC
Chambersburg PA
CBHW071214200326
41519CB00018B/5524